你好！青春期女孩

沧浪——著

中国妇女出版社

图书在版编目（CIP）数据

你好！青春期女孩 / 沧浪著. -- 北京 ：中国妇女出版社，2022.6
ISBN 978-7-5127-2114-2

Ⅰ.①你… Ⅱ.①沧… Ⅲ.①女性－青春期－健康教育－青少年读物 Ⅳ.①G479-49

中国版本图书馆CIP数据核字（2022）第004736号

责任编辑：李一之
封面设计：静 颐
封面供图：视觉中国
插图绘制：樊 帆
责任印制：李志国

出版发行：中国妇女出版社
地　　址：北京市东城区史家胡同甲24号　　邮政编码：100010
电　　话：（010）65133160（发行部）　　65133161（邮购）
邮　　箱：zgfncbs@womenbooks.cn
法律顾问：北京市道可特律师事务所
经　　销：各地新华书店
印　　刷：北京中科印刷有限公司

开　　本：165mm × 235mm　1/16
印　　张：15
字　　数：200千字
版　　次：2022年6月第1版　　2022年6月第1次印刷
定　　价：59.80元

给青春期女孩的一封信

为什么我的乳房没有她的大呢？我该从什么时候开始戴胸罩呢？姨妈家的小娃娃是怎么生出来的呢？喜欢上了班里的他，我该怎么办呢？

不知道你有没有为这样的事烦恼呢？什么？全中？好吧，首先必须得恭喜你了！恭喜什么？当然是恭喜你进入青春期了！

青春期的你，发现自己的身体正悄悄起着变化了吧？发现自己的情绪飘忽不定了吧？发现自己总是心神不定了吧？其实，你身上发生的一切都是正常的，包括你的疑惑、你的欢笑、你的烦恼。

你总想和谁一起讨论一下这些问题，可是，去问爸爸妈妈，要么会让你觉得尴尬得不行，要么你会为了找到一个合适的词语而苦恼得不行。你觉得这是个非常私人的问题，和成年人讨论的话，简直是太不合适了！

而这本书正是为了帮助你还有和你一样苦恼的女孩们，帮助你们认识自己的成长、关照自己的身体、解决自己的困惑、打消青春期的烦恼。

所以，赶紧开始这段青春期世界的奇妙旅行吧！

但值得注意的是，本书只是一本具有辅助性质的指导手册，不能代替医生、心理专家或其他健康护理专业人士的诊疗建议！

不过，你仍然可以把它放在手边，有问题时就翻开查找，这能让你更加开心、快乐地度过青春期！女孩，加油！

（注：为整体构图美观、明亮，本书插图中部分人物头发颜色进行了彩色处理，并非鼓励染发，请读者知悉。）

目录

Contents

第三章　要长大了吗

第四章　月经，是倒霉，还是“好朋友”

第五章　魅力提升，做自信女孩

第六章　青春期少女的思绪

第一章

预备！青春期来了

有人说，青春期是人生这片浩瀚海洋中的一场“疾风骤雨”，而青春期的我们则是风雨中趋向成熟的花朵。既然这是一场我们必须经历的疾风骤雨，那我们就放下心理负担，让它来得更猛烈些吧！

Chapter One

不是小孩，也不是大人，那我是什么

“叮咚！”门铃响了。

我开门看到了好久不见的阿姨，她一看到我就用巴掌轻轻地拍在我这个妙龄少女的屁股上，嘴里还说：“小宝贝，长大不少啊！”

我不喜欢“小宝贝”这个称呼，我觉得自己已经长大了，不再是小孩子了。

不过，更让我无法忍受的还在后面。

阿姨兴高采烈地说：“小宝贝，看我给你买了好几件漂亮衣服，快来试试！”

天哪！阿姨居然给我买了件蓬蓬裙，下边还缀着蕾丝的小花边，更不可忍受的是裙子上还画着可爱的图案！

阿姨简直还把我当成幼儿园里的小朋友！

这让我很沮丧。我觉得自己长大了，已经是大人了，可是妈妈和阿姨说我还不是大人。不过当我想让妈妈帮忙的时候，她又总会说，你已经不是小孩子了，自己去做吧。

我拿着衣服，对着镜子在身上比了一下，唉，真是没法看了！我早已经过了穿这种衣服的年龄。我该怎么办？穿大人的衣服？也不行。不是大人也不是小孩的这段时间真烦人！

可是，这些幼稚的衣服该怎么办呢？我既不是大人，又不是小孩，到底是什么呢？

好吧，这就是青春期。可是，青春期又是怎么来的呢？

奇妙的青春期

随着年龄的增长和身体的不断发育，你迎来了一个奇妙的时期。

好像是一夜之间，你突然开始想买几件漂亮的衣服，想把头发扎得更漂亮；你突然想在家里没人的时候，偷偷地穿妈妈的高跟鞋、涂漂亮的口红。这就是青春期。

一般来说，女孩的青春期大约从 9 岁半开始，晚一些的会到 13 岁才开始。不过，由于个体的差异，通常把 10 ～ 18 岁这段时间统称为女孩的青春期。

青春期是一个特别的时期，它预示着成长，预示着改变。当青春期结束，每个女生都会从一个不谙世事的小孩子成长为一个自己曾经羡慕过的青春靓丽的女人。

青春期是一个身体发育的时期，但是，并不是每个部位都会按比例成长。这时，你也不用惊慌！乳房、皮肤、身高、体型等都在悄悄地发生变化，总有一天，你会成长为你想成为的女人。

青春期是一个心理蜕变的时期，你会收到男生的情书，会对异性产生好奇，会产生朦胧的情愫，会对世界进行天马行空的探索，会对成人的羁绊拼尽全力地反抗……这时的你，可能自卑，却也可能慢慢变得自信、独立。这时候的你，像一朵淡淡的雏菊，可能并不自知，却在渐渐向外界释放着淡淡的美丽。

青春期来了，你不用慌张，更不用因为害怕变化而不想长大。尽可能地去了解青春期，感受你身体的成长，感受你心理的变化。你会发现，关于你的一切都是那么美妙，又是那么神奇。

好吧，成长是一个缓慢的过程，我们不可能在一瞬间变成大人；好吧，身体和心理都会发生变化；好吧，可能有些混乱又有些苦恼的时期；好吧，最美丽也最有激情的时期。

现在，让我们一起进入这个神秘的青春期世界一探究竟吧！

第二性征，原来如此

班上的同学不知道怎么了，好奇怪！

今天语文课的内容很有趣，班上的一个女生小宇忍不住大笑起来，可是笑着笑着，她的嗓子好像突然被什么卡住了似的，发出的声音怪怪的，这是怎么回事呢？

老师说这又是青春期搞的鬼，小宇处于变声期。到了青春期，男生会更像男生，女生也会更像女生。

原来，男生的嗓音变得低沉，女生的嗓音变得尖细，都是第二性征啊！而且，女生也有变声期呀！

如果能提前了解“第二性征”的话，我们就能更科学地度过青春期了！小宇如果知道自己处于变声时期，也就不会扯开嗓门大笑了。

第二性征，原来如此！

和雌激素成为好朋友

到了青春期，为什么我们会出现第二性征呢？为什么男生更像男生，女生更像女生了呢？原来雄激素和雌激素在我们成长过程中起到了关键的作用。

女性会分泌“孕激素”和“雌激素”。“孕激素”使我们将来能够怀孕做妈妈，“雌激素”则让我们的身体更有女性的特点。

多亏了雌激素，我们才能够拥有丰满的臀部和漂亮的锁骨，才能拥有像妈妈那样挺拔的胸部和光洁有弹性的皮肤。

“雌激素，我们做好朋友吧，我的成长就靠你喽！”

不要慌，这些小建议能够帮你忙

不要慌，青春期就是这样：你有时候很忧郁，有时候又自信而乐观；有时候特别懂事，有时候又会莫名其妙地发火。

一会儿哭，一会儿笑，青春期的心情就像六月的天气一样，变化多端。

不要紧张，每个人都会经历青春期。对于正在经历青春期的你来说，不要有太大的压力哦。

在这个阶段，最重要的就是缓解压力，你可以多培养自己的兴趣爱好。什么爱好都可以，只要符合自己的情况，能让自己感到畅快就行。例如，做些运动、读读书、唱唱歌、跳跳舞，这些活动都可以很好地缓解压力。

另外，面对青春期的烦躁，要多和家人、朋友沟通，这样才能更轻松地度过青春期。

不过，与朋友沟通时一定要注意，别搞不清楚状况就去打扰心情不好的朋友，因为处于青春期的每个人都是很敏感的！搞不好她也会莫名其妙地冲你发火呢！

不要偷看我的日记

“妈妈又偷看了我的日记！”“老师又要收日记本了！”

这是青春期的我们经常会碰到的情况，可是面对这种情况，我们气愤却又显得无可奈何。

青春期的我们，逐渐有了自己敏感的自尊心，都渴望有自己的空间。如果父母偷看了你的日记，不妨给他们写封信吧。

亲爱的妈妈：

展信快乐！

妈妈，您知道吗，现在我们班上的同学大多有两个日记本。一本是给老师和爸爸妈妈看的，那上面写的并不是我们的真实想法，只是因为你们要看而写的；另一本是记我们的小秘密的，是不会给任何人看的。这样的结果是您希望看到的吗？

妈妈，虽然我知道您也是为了我好，希望能对我的情况更了解，可是，每个人都有自己的心事和秘密，有些是可以跟别人说的，有些只能留在自己的心底。妈妈，您是不是也有自己的秘密，不愿意告诉我呢？

妈妈，我已经长大了，已经进入青春期了，成长的烦恼会永远陪伴我，有的您能帮助我，有的您是帮不了的。当我失望、烦恼，却又不想告诉您时，我会在日记里倾诉，把苦恼卸下；当我对您有意见，暂时又不想惹火上身时，我只能告诉我的朋友——日记，抚平自己的心情；当我犯错时，虽然我会捂住耳朵不听您的唠叨，但我会在日记里检讨自己；当我有了心跳的秘密，我会把它留在日记里，也许不久之后，我也会笑话自己，但是现在我不能告诉您……

妈妈，不要再偷看我的日记了。有时，我真想和您大吵一架，说您侵犯了我的隐私。可是我知道，我这样做或许会令您更生气、更伤心。但请您想想我的感受吧！您常教育我要尊重别人，那么，也请您尊重我的隐私好吗？

没有秘密的孩子长不大呀！妈妈，不要再偷看我的日记了，如果您给我更多的空间，我的青春期会过得更快乐，我也会更爱您的！

爱您的女儿

青春期的女孩点子多！如果老师、家长偷看了你的日记，那么写这样一封信对他们“动之以情，晓之以理”吧。相信他们一定会认识到自己的错误，进而在理解的基础上，通过沟通交流的方式来了解你。

好女孩，加油！

做有志气、能独立的好女孩

青春期，从字面上理解，就是我们的春天来了。

当然，这个春天既包括身体的春天，又包括思想的春天。这段时间，我们的身体在慢慢地发育，使我们更像女孩；思维方式也不再像以前那么简单，我们开始更多地思考别人的看法，更多地想自己承担一些力所能及的事情。

那么，怎么才能做有志气、能独立的女孩呢？下面的几点建议也许会给你带来帮助。

学会依靠自己

民间有这样一首歌谣："流自己的汗，吃自己的饭，自己的事情自己干。靠天靠地靠父母，都不是好汉。"因此，我们要自己去做更多力所能及的事情。学会不依赖别人，才是真正的成长！

2 给妈妈“打工”

适量的家务能够使你变得更快乐，诚心诚意的帮助也能让妈妈因你的成长而感到更欣慰。所以，不要太重视金钱的回报，多体谅和帮助父母吧！

3 学会拒绝

随着你逐渐长大，人与人之间的相求相助也越来越多。帮助别人是理所应当的，但是，对于不正当的、力所不能及的事情，你要学会“善意地拒绝”。这样才能让自己更有志气、更独立，真实而不虚伪。

青春期的我们，身体和心理都在逐渐成长，我们也在不断地完善自己。我们慢慢就会习惯这些生理和心理的变化，相信每个女孩都能让自己的青春期盛开出美丽的花朵！

第二章

女孩，抬头

青春期的我们身体还在成长和发育，所以，我们一定要温柔地呵护自己的身体，才能让自己更具女性的魅力。那么，现在就让我们从“头”开始，由上而下，简单明了地了解一些养护身体的小建议，打造出最棒的自己吧！

Chapter Two

头发，请温柔护理

头发是女性美的重要标志。青春期的我们要想更加靓丽，首先就要学会打理自己的头发。可是，你真的会护理自己的头发吗？

小懒虫，要学会洗头哟

随着年龄的增长，我们的头发也变得爱出油了。如果你想扎起漂亮的马尾，想拥有漂亮的刘海儿，就必须定期洗头。

对于绝大多数女孩来说，一周要洗好几次头发。而如果你很爱运动，或者你的头发非常爱出油的话，你就必须每天洗一次头发了！

正确的洗头步骤你知道吗？不知道的话赶紧学习吧，方法错误的赶紧改正喽！

1 将头发充分浸湿

只有将头发充分浸湿，洗发露才能产生丰富的泡沫，达到清洁的效果。

2 抹洗发露

洗发前，应先将洗发露倒在手上反复揉搓至充分起泡之后再抹到头发上，不可直接倒在头皮上，以免过于刺激头皮。

3 揉搓头发

在揉搓头发时，要用指肚部分进行力道适中的按摩，不要用指甲抠。

4 涂护发素

洗发后，将护发素均匀涂在发梢和发中，不能接触头皮。

5 冲洗干净

冲洗时一定要将洗发露和护发素冲洗干净，以避免化学成分残留。

6 用毛巾包住头发来吸水分

洗发后，我们习惯用毛巾搓干头发，但由于洗发后湿头发会膨胀，用毛巾搓的话会让头发的毛鳞片受损严重，因此要改为用干燥的毛巾包住头发来吸水分。

7 晾干

洗发后一定要把头发晾干，水汽闷在头皮里面易生真菌，会造成头皮敏感、出现头皮屑等，长期如此还可能导致脱发。

另外，在选用洗发露的时候应选择适合你发质的那种，并且要用温水洗头发。这样你的头发才能越来越柔顺！

怎么样？你平时的护发方法对吗？这次学会怎么洗头发了吧！

吹风机，太热了

吹风机确实能帮我们快速吹干头发，但如果天气不错的话，最好让你的头发自然晾干。如果需要使用吹风机，要打在暖风的挡位，不要让温度太高。

吹头发的时候，吹风机和头发的最佳距离是 10 厘米～ 15 厘米，不要让热风太靠近头发。如果想让头发蓬松，建议尝试反方向吹干，这样你的头发就蓬松有型了。

你的梳子干净吗

今天的风好大，把我的头发都吹乱了，匆忙回家的我抓起爸爸的梳子就开始梳理头发。后来，妈妈告诉我，我已经长大了，要习惯使用自己的梳子。为什么呢？妈妈真是小气。

其实，不是妈妈小气，妈妈是在关心你青春期的卫生保健问题。与人分享是好事，但梳头工具就不一样了。所以，最好不要向朋友和家人借用梳子等护发用具。

另外，一定要保证自己的梳子像头发一样干净整洁。这就需要我们每周都把它浸在温水中清洗一下。

在清洗的时候，我们可以使用刷子，并涂上洗发膏或香皂等，以保证将梳子上所有细小的地方都清洗干净。

试想一下，我们拥有干净清爽的头发，拥有干净清洁的梳子，是一件多么令人开心的事情！所以，下次洗完头发，可不要忘记你的梳子哟！

这些情况下，你要洗头发

头发不仅仅是脏了才需要洗，在下面两种情况下，你也必须及时清洗自己的头发。

1 淋雨后

现在我们生活的环境会受到不同程度的污染，比如，雨水偏酸性，对头皮和头发都有一定的腐蚀性。因此，如果你不小心淋了雨，一定要尽快清洗，并用吹风机吹干，否则很容易引起头痛和感冒。这对正值青春期的你来说，可不是好事！

2 游泳后

如果你经常去游泳，记得每次游完泳后一定要清洗头发。

我们都知道，有些游泳池的水中含有漂白剂，而漂白剂中又有以氯为主的化学物质，这些化学物质很有可能使我们的头发变色。

所以，游完泳以后一定要洗头发，这样才能让你的头发更加乌黑亮丽。

烦人的头皮屑

咦？你肩膀上是什么，皮肤碎屑吗？这使得你的衬衫像沾上了雪花一样。同伴还冷嘲热讽：“咦，你肩膀上下雪啦！”这头皮屑真是烦人！

除此之外，你是不是还经常头皮干燥发痒？

那可能就是头皮屑过多惹的祸了。

不要着急，这个问题非常普遍，也很容易处理。

买一瓶去头皮屑的洗发露试试吧。如果还不奏效的话，去药店看看有没有药性更强的东西。

没有头屑的你，看起来才会更清爽，更具女性魅力！

头发打结了，救命

“该死的头发，又打结了！”

你遇到过这样的情况吗？遇到这样的情况时，你是不是想把打结的头发直接剪断？

其实不要着急，对付头发打结，自有妙招。

如果打结时你的头发还是湿的，可以用宽齿的梳子梳理。

不过，作为女孩的你一定要温柔，如果在梳理头发的过程中遇到较强的阻碍，也不要使劲

拉扯！

试着轻轻作用于梳子，让其穿过头发，你会发现处理打结的头发没那么难。

不烫染头发

看到大人卷曲的头发，你是不是非常羡慕？看到大人染色的头发，你是不是也想尝试？

不过你才步入青春期，最好不要过早尝试。

因为染发剂不但会使头发的内部结构遭到破坏，而且会使头发内部的营养成分和水分流失，对头皮、毛囊和头发均有损伤。另外，头发角质蛋白的变化会让其失去弹性和光泽，变得发黄、发脆。即使是大人，一年内染烫头发的次数也不宜超过四次，何况你的发质要比大人的脆弱得多。

妈妈的头发染烫后，你是否会闻到她的头发上有一股异味？这是染发剂中的巯基乙酸类物质造成的，这种物质不但刺激性强，容易引发过敏，还有可能破坏人体的造血系统，严重时会诱发膀胱癌、淋巴癌、乳腺癌、白血病等疾病。

看到这些，你还想拥有那样的发型吗？

其实，青春期的少女本身就是最美的，你高高的马尾吸引了许多大人羡慕的目光。爱护你的头发，爱护这份自然的美吧！

五官，你呵护了吗

我们在与别人打交道时，别人最先注意到的就是我们的五官。我们的眼睛是否有神，嘴唇是否莹润，都直接关系到我们的个人形象。所以，好好保养我们的五官吧，让青春期的我们拥有更美好的形象！

给耳朵一点儿关注

想让你所听到的每个声响都十分清晰吗？那么就给你的耳朵一点点关注吧！耳朵的保养很简单，只需要你的一点点帮助就能够保证耳朵内外的健康。

保持耳朵的干净

每次洗头或冲凉的时候都要洗一下耳朵。不必担心耳朵里会有积水，你可以摇一摇头把耳朵里的积水控出去，然后用毛巾、浴巾或棉签把耳朵外层的水拭干。

2 挖耳朵有讲究

每个人耳朵中都会出现耳屎，但千万不要用有尖角的物体，如指甲、笔杆等戳进你的耳朵。想掏耳朵的话，最好用棉签轻轻在外耳道转动，然后将耳朵朝下，耳屎可自行出来。

不要频繁挖耳，耳屎可以黏附进入外耳道的灰尘。一般 1 ～ 2 周清洁一次就足够了，但如果在灰尘较多的地方或本身是“油耳”，间隔时间可适当短一点儿，你要根据自己的情况决定。

如果长期不掏耳朵，你感到自己的耳朵被塞住了，这时，应到医院用专门器械将耳屎取出，取出后应用滴耳剂滴耳以预防感染。

3 戴耳机时注意音量

打开音乐而无视周围的世界，这是可以接受的，但是不要开太大音量！因为，如果长时间接触噪声的话，你的听力就会受损。

4 谨防游泳性耳炎

游完泳后，你有没有感觉到耳朵不舒服？如果你整个暑假都泡在游泳池里，那你很可能患上游泳性耳炎。

预防这一疾病最好的方法就是在游泳后控干耳朵中的水并对耳道进行消毒。如果耳痛，尤其在拽耳朵的时候出现了耳痛，务必要去看医生。

现在，你知道要如何正确对待自己的耳朵了吧？那么，从现在开始就要做好保护措施喽！

让嘴唇红润起来

你的嘴唇有没有皲裂的情况？你有没有口干舌燥的时候？你是不是非常羡慕那些嘴唇红润的女人？

其实，干燥开裂的嘴唇也可能是你身体“咕咕大叫”的表现，它好像在说：“帮帮我——我好渴啊！”

所以，这个时候，你就应该多喝水，大口喝水。“女人是水做的”，这句话不无道理哟！

另外，你要买一支润唇膏，当嘴唇皲裂或发干的时候，可以抹上舒缓一下。

唇部皮肤较其他部位娇嫩，很容易缺水脱皮，唇纹加深。在睡前，你也可以把有自然滋养成分的护唇膏或蜂蜜涂在嘴唇上做唇膜，加强对嘴唇的滋养。

有没有发现，你的嘴唇慢慢地红润起来了，自信也慢慢地增加了？

牙好，胃口才好

青春期的女孩，微笑是你最美的招牌。

只有认真刷牙，保持清新的口气，你的微笑才能成为最有活力的标志和最温暖的问候。

挑选含氟的牙膏

实验表明，每天用含氟牙膏刷牙两次，患龋齿的危险性能够降低 40%。因此，选择牙膏时，最好选择含氟牙膏。含氟牙膏能够帮助你抵御蛀牙，使你的牙齿更健康。

刷牙时，不必挤很多牙膏，豌豆大小的量就足够了。

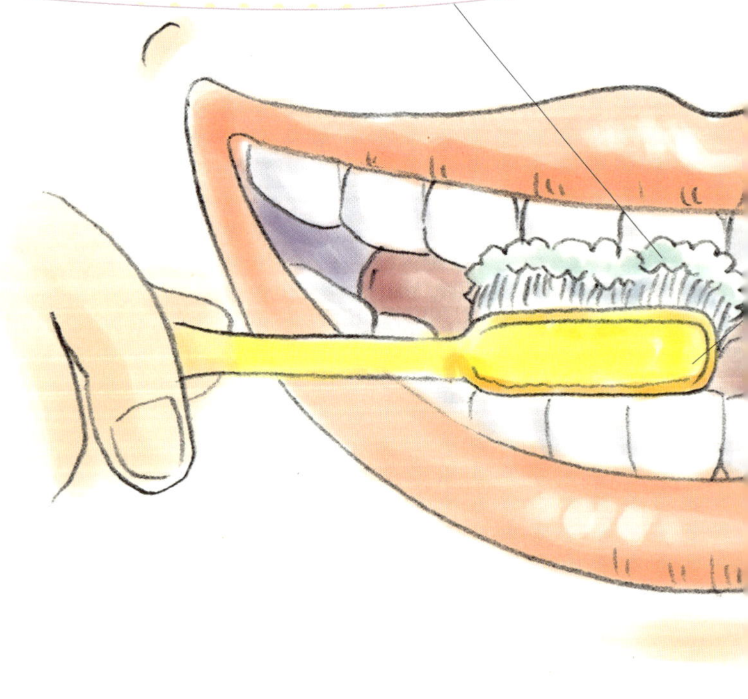

不可小觑的牙刷

我们应熟悉自己牙齿的排列情况，选择大小、形状、刷毛都适合的牙刷。一般来说，选择刷毛软硬度中等、刷头较小的牙刷即可。

另外，每两到三个月要换一把牙刷，或者牙刷刷毛下垂时就考虑更换。因为，弯曲的刷毛无法清洁你的牙齿，相反，它们还可能对牙龈造成伤害。

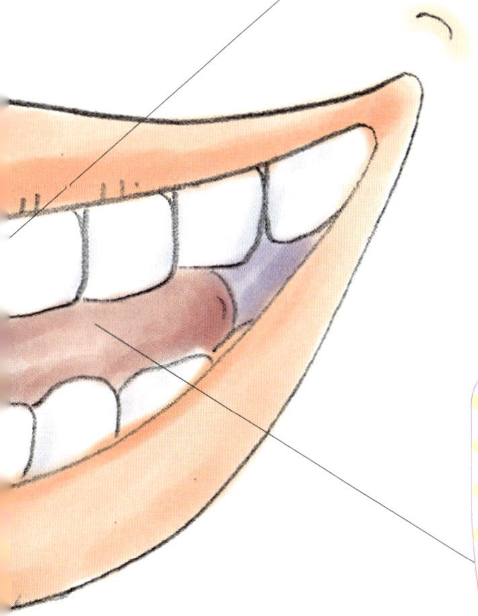

刷刷舌头

刷牙的时候不要忘记刷一刷舌头。清洁舌头很重要，它是保持洁净口腔和清新口气的一部分。

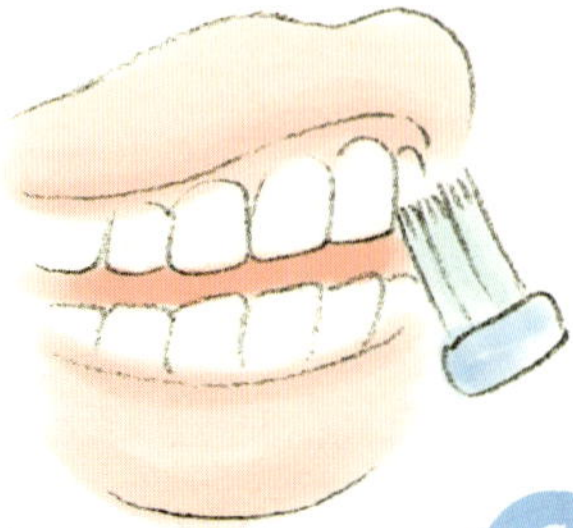

1 先刷上下排牙齿的外侧面，使刷毛与牙面成 45 度角，以两至三颗牙齿为一组，用适中的力度上下来回移动牙刷。

正确的刷牙步骤

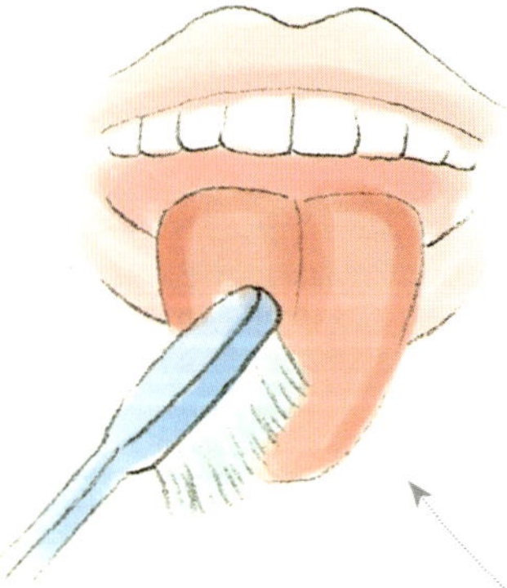

6 轻刷舌苔。

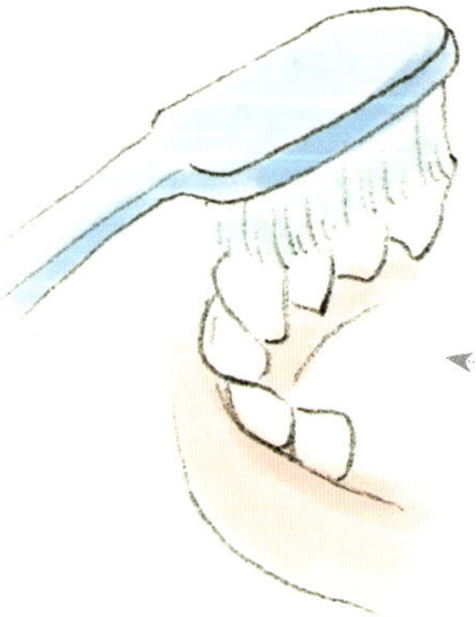

5 刷咀嚼面，把牙刷放在咀嚼面上前后移动。

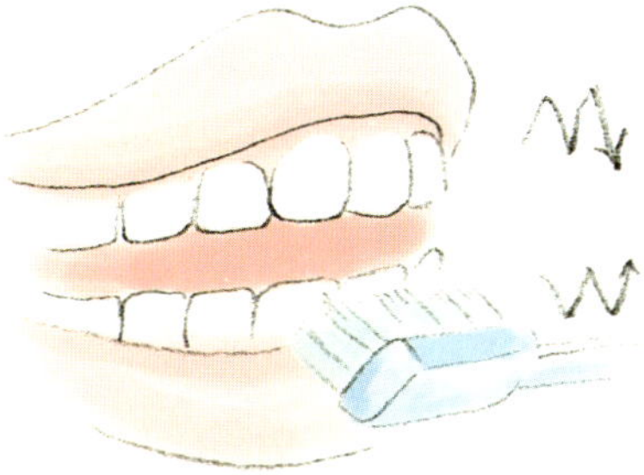

2 刷上下牙齿外侧时，要将横刷、竖刷结合起来旋转画着圈刷，即上牙画“M”形，下牙画“W”形。

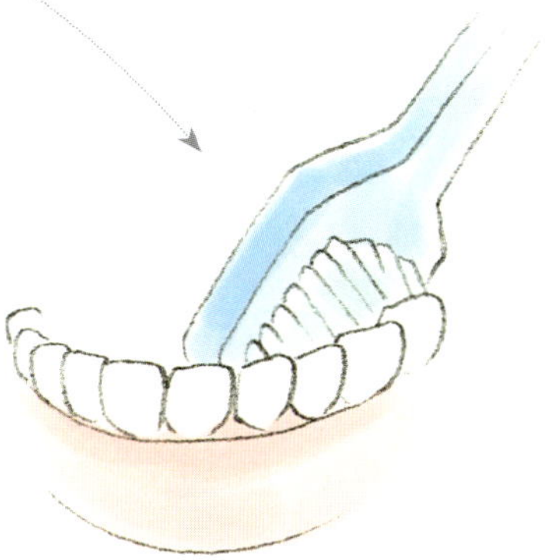

3 刷牙齿的内侧面，重复以上动作。

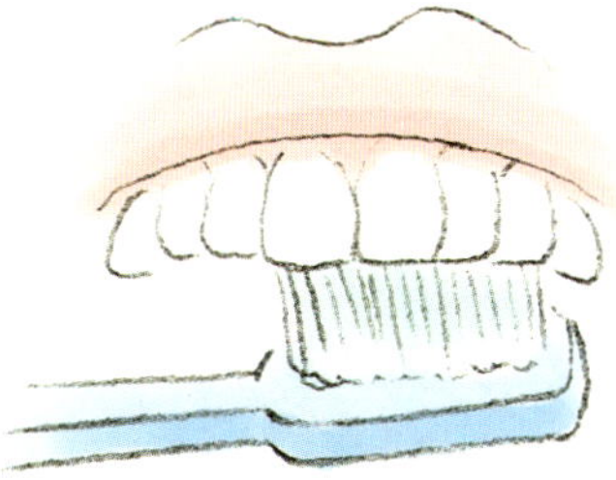

4 刷门牙内侧的时候，牙刷要直立放置，用适中的力度从牙龈刷向牙冠，下方牙齿同理。

预防鼻炎

你周围有患鼻炎的人吗？相信很多女孩的回答都是“有”。所以，如果你想让自己的青春期更无忧无虑，一定要未雨绸缪，预防鼻炎。

另外，鼻子很脆弱，所以青春期的你一定要善待自己的鼻子，不要养成用手挖鼻孔的坏习惯。只有注重鼻子卫生，并未雨绸缪，才能让自己免受鼻炎骚扰，无忧无虑地度过青春期。所以，可不要光看不实践哟！

科学防护，正确戴口罩

- 口罩要盖住口鼻和下巴，鼻夹要压实。
- 一般情况下，医用外科口罩使用 4 小时后应及时更换。口罩变形、潮湿或有明显脏污时要及时更换。
- 佩戴过程中不宜拉至下巴处或挂在耳朵一侧，也不要直接放在包里或随意放在桌上。

❶ 加强体育锻炼，增强抵抗力。例如，晨跑、游泳、冷水浴等都可以增强体质，提高人体的耐受力。

❷ 避免过度疲劳、睡眠不足、受凉等，因为这些因素能使人体抵抗力下降，造成鼻黏膜调节功能变差，使病毒乘虚而入。

❸ 外出要戴口罩。对污染的室内可用白醋熏蒸进行消毒。

❹ 受凉后可服用生姜红糖水及时祛除“寒邪”。感冒流行期间，可服用荆芥、防风、板蓝根等中草药抵抗病毒。

❺ 花粉扩散的高峰时间最好不要待在户外。

❻ 及时更换、清洗床单、被罩，防止螨虫及其分泌物诱发过敏性鼻炎。

❼ 使用空气加温器保持室内空气的湿度，不要让鼻子太干燥。

定期进行视力检查

眼睛是心灵的窗户，眼睛炯炯有神的女孩更招人喜欢。所以，对眼睛的护理，千万不能掉以轻心！

眼睛最重要的就是视力，最好每年都检查一下视力。

如果你看黑板等远处的东西有困难的话，可能就是近视；反之，近处的东西看不清的话，可能是远视。

如果你觉得自己的眼睛有问题，一定要到专业医师那里进行检查。

医生会通过专业仪器彻底地观察你的眼睛，也许会向眼中滴入几滴液体来放大你的瞳孔。这样做有助于医生观察眼睛的内部结构，而且不会造成伤害。

定期的视力检查能够发现眼部疾病的早期症状，这对于治疗来说非常重要。所以，如果你很久没有做视力检查了，不妨去检查一下吧！

好像近视了

阅读期间或阅读之后你会出现头痛的症状吗？

近处或远处的物体，你会有些看不清吗？

你看东西的时候会出现不是因为斜视造成的重影吗？

如果对于这几个问题，你的回答都是“是”的话，那么你很可能近视了。在进行阅读或在学校盯着黑板看时，许多女孩也许并没有注意到视力的问题。而在长期的学习、看电视、盯着电脑和手机的过程中，视力问题才会慢慢显现。出现上述情况，你可能就需要戴眼镜了。

不过，青春期的你，即使没有近视，是不是也会经常出现眼睛发红或者眼睛酸胀的情况？所以，你需要格外注意用眼卫生。

1 不要长时间高强度用眼

无论做作业或看电视，时间不可太长，每 1 小时左右休息片刻为佳。

2 看书距离应适中

书本与眼睛之间的标准距离以 30 厘米为准，且桌椅的高度也应与身体相适应，不可勉强将就。

3 看电视距离不要太近

看电视时应保持与电视画面对角线六至八倍的距离，每看 1 小时应休息片刻。

4 经常做眼保健操

课间活动或用眼疲惫时要经常做眼保健操或眺望远方，使眼睛疲劳得到缓解。

5 注意为眼睛防晒

紫外线对眼睛也会产生很大的伤害，因此，在游泳池边、海滩、滑雪场都要佩戴太阳镜以保护眼睛不受紫外线的伤害。

戴眼镜

你不得不戴眼镜了。

刚戴上眼镜，你感觉很不舒服，对吗？好像别人看你的眼神都是怪怪的。

其实，戴眼镜很正常，你不要沮丧，过几年后再看看班上的同学，你会发现有了好多同伴！

其实，戴眼镜也可以很漂亮。

你可以试着佩戴一副树脂镜片的框架眼镜，保养起来也非常方便简单。更重要的是，框架眼镜有许许多多的款式，有些女孩甚至把眼镜当成了时尚配饰！你也可以的！

如果你实在受不了自己戴眼镜的形象，不妨试试隐形眼镜。隐形眼镜会改变视力，却不会改变长相。

不过要注意，隐形眼镜的种类很多，佩戴隐形眼镜之前，需要到正规的医院或配镜机构做详细的检查，再选择合适的隐形眼镜。佩戴隐形眼镜时，还要注意眼部卫生，避免引起其他眼部症状。佩戴后发现不适，应及时到医院检查。另外，隐形眼镜的日常维护和清洁也需要格外注意。

关于隐形眼镜的选择、佩戴时的注意事项以及清洁维护等方面的知识非常多，决定佩戴隐形眼镜之前，一定要先了解清楚。可通过网络、相关书籍、医院或配镜机构详细了解这些知识。

脸部，护理要当心

看到这个标题，也许你早就忍不住哈哈大笑起来，从小就天天洗脸，护理脸部还用教吗？

可是，也许你连正确的洗脸方法都不会，不仅你不会，现在 80% 以上的人洗脸方法都有错误或疏漏。

如果没有将脸部护理好的话，女孩的美可就要大打折扣啦！所以，还等什么？赶紧往下看吧！

你会洗脸吗

黑头、痘痘等很多皮肤问题都与洗脸方法不正确、脸没有洗干净有关。即使你使用昂贵的化妆品，如果操作方法不对，同样起不到清洁、美容的效果。那么，怎样洗脸才正确呢？

1 用温水湿润脸部

用温水湿润脸部，既能保证毛孔充分张开，又不会使皮肤的天然保湿成分过分丢失。

2 使洁面乳充分起沫

洁面乳的量不宜过多，在向脸上涂抹之前，一定要先把洁面乳在手心充分打起泡沫。如果洁面乳不充分起沫，不但达不到清洁效果，还可能残留在毛孔内引起青春痘。泡沫当然是越多越好，你还可以借助海绵等容易让洁面乳起沫的工具将洁面乳搓出泡沫来。

3 轻轻按摩脸部

把泡沫涂在脸上以后要轻轻打圈按摩，注重额头到鼻梁 T 字区的清洁。另外，按摩时不要太用力，以免伤害皮肤。

4 清洗洁面乳

用洁面乳按摩完后，就可以清洗了。但清洗时不要用毛巾用力地擦洗，这样对娇嫩的皮肤非常不好。如果想用毛巾的话，应该用湿润的毛巾轻轻在脸上按摩。

5 检查发际

清洗完毕后，照照镜子，检查一下发际周围是否有残留的洁面乳。有些女孩发际周围容易长痘痘，其实就是因为忽略了这一步。

6 用冷水撩洗

最后，用双手捧起冷水撩洗面部，同时也可以用蘸了凉水的毛巾轻敷脸部。这样做可以使毛孔收紧，同时促进面部血液循环。

经过以上 6 个步骤才算完成了洗脸的全过程。现在你还敢说自己洗脸的方法正确吗?

照着以上的程序洗完脸，再照照镜子，是不是发现自己的脸部皮肤光洁、白嫩了许多呢?

对了，你可不要兴奋得想马上再试一次哟，过于频繁地洗脸会使皮肤变得干燥。

关于洗面奶和护肤品的选择

与身体其他部位相比，面部的肌肤既脆弱又敏感，所以，在选择涂在脸上的护肤品时，要慎之又慎。

尽量选标有“低敏感度”或不含刺激成分的护肤品。

如果你是油性皮肤或者容易生粉刺的皮肤，一定要选择不含油脂或不含刺激性成分的洁面产品，这样才不会堵塞毛孔。

如果你是干性皮肤，适当涂些润肤霜或保湿的乳液会帮你改善这个问题。

还没有太明白？没关系，我们后面会着重对皮肤的类型进行介绍，你可要擦亮眼睛看清楚哟！

青春痘！青春的证明吗

你是不是也有过战“痘”的青春？

青春痘的出现，证明你正值青春年华，你不必为此而失去理智。

青春痘出现的原因是青春期皮脂腺受雄激素影响，皮脂分泌过多、过旺，导致皮肤毛孔堵塞。另外，面部清洁不彻底，化妆品残留在面部，也会诱发青春痘。

很多女孩都会在某个时候亲身经历青春痘的困扰，所以你不要觉得青春痘在欺负你，你可不是在孤军奋战哪！

如果你不相信，观察一下身边的朋友，几乎每一个与你同校的男孩和女孩早晚也会与这些皮肤问题有所一战。

面对青春痘，我们该怎样奋勇还击呢？

别“动手”

你是不是总喜欢用手摸脸？是不是用手去挤痘痘对你有非常大的吸引力？

千万不要这么做！你为你的脸蛋所能做的最棒的事情之一就是不要上手！

每天，我们的手指会触摸不同的东西，手上会带有很多油污和细菌，所以，千万不要对你的脸“动手”！

如果你真的需要触摸脸颊的话，那就要把手洗干净。

不要试图去挤粉刺！没准你的手会让小小的粉刺一时爆发，甚至可能留下疤痕。

食物巧战“痘”

每天学习都很辛苦，一照镜子，脸上不知何时冒出了几颗“痘痘”，不仅影响美观，还影响心情。那么，要怎样才能消除痘痘？

战“痘”从吃开始，下面 6 种食物能调整细胞代谢，清凉祛热，也许能制伏这恼人的痘痘。

1 富含维生素 A 的食物

维生素 A 可调整上皮细胞的代谢，有利于青春痘患者的康复。

含维生素 A 丰富的食物有金针菇、胡萝卜、韭菜、荠菜、菠菜、动物肝脏等。

2 含维生素 B_2 的食物

维生素 B_2 能保持人体激素平衡，对皮肤有保护作用。

含维生素 B_2 丰富的食物有动物内脏、瘦肉、乳类、蛋类及绿叶蔬菜。

3 含维生素 B_6 的食物

维生素 B_6 参与不饱和脂肪酸的代谢，对青春痘的防治大有益处。

该类食物主要有动物肝脏、蛋黄、奶类、鱼类和蔬菜等。

4 含锌丰富的食物

含锌的食物有控制皮脂腺分泌和减轻细胞脱落与老化的作用。

这类食物有牡蛎、动物肝脏、瘦肉、奶类、蛋类等，其中以牡蛎等海产品含锌较多。

5 清凉祛热的食物

长痘痘的你应多选择具有清凉祛热、生津润燥作用的食品。

这类食物主要有瘦肉、蘑菇、银耳、黑木耳、芹菜、苦瓜、黄瓜、冬瓜、茭白、绿豆芽、黄豆、豆腐、莲藕、西瓜、梨等。

6 多吃粗粮、富含高纤维的食物

饮食要注重营养均衡，粗粮、富含高纤维的食物能有效促进肠胃蠕动，加快代谢，使多余的油脂尽早排出体外。

这类食物有大豆、全麦面包、粗粮、笋等。

恼人的刘海儿

我刚剪了刘海儿，同学们都说我看起来精神多了。可是，它们却给我造成了困扰。我额头上长了很多痘痘。

尽管我一周洗6次头发，并且在痘痘上涂抹药膏，可是这些痘痘仍然此起彼伏，未见好转。难道我不应该再留刘海儿了吗?

——勤洗头是正确的。留刘海儿的女生更需要保持头发的清洁，头上的油垢会对痘痘造成刺激，从而令痘痘更严重。

另外，你也应该远离诸如发胶、定型喷雾以及润发精华素等一系列会在额头上留下一层薄膜的产品。

不过，不要灰心，你不需要剪掉刘海儿。痘痘严重的时候，你可以用发卡固定住刘海儿，直至额头上的痘痘消失。

或者，你也可以使用头绳、条状发卡等头饰，这都不失为既有趣又时尚的方式，它们或许能让你看起来更漂亮。

讨厌的雀斑

步入青春期，你是不是发现自己的皮肤没有以前光洁了，还长了星星点点的雀斑？

你是不是非常讨厌它们？

你是不是做梦都希望拥有一种能够消除雀斑的乳液？

其实，世上不存在那种能令你脸上的雀斑完全消失的魔法护肤品。

但是，你可以通过一些办法减少雀斑对自己的困扰。

在艳阳高照的日子，外出时别忘了戴一顶帽子并且涂上适量的防晒霜。

减少各种电离辐射，包括各种显示屏、荧光灯、X光机等的照射。

避免食用刺激性的食物，例如咖啡、可乐、浓茶、香烟、酒等，刺激性食物易使皮肤老化。这些食物吃得越多，皮肤老化越快，还会导致黑色素分子浮在皮肤表面，使黑斑扩大及变黑。

其实，对付雀斑最好的办法就是保持良好的情绪，精神焕发则皮肤好，情绪不好则会有相反的作用。

我们绝大多数人都想或多或少地改变自己。所以，等下次照镜子时，练习通过咧嘴微笑的方式来使雀斑们成双成对吧！看见没？微笑和雀斑构成了一种迷人的搭配。

纤纤玉指，你还差多少

保持双手的洁净是抵御细菌传染的第一道防线。别以为你有一双纤纤玉手，其实你做得还远远不够，看看你还差多少吧！

赢在洗手

你想在见面或打招呼的时候展示你最棒的手指吗？你想抵御细菌的传染吗？那你就必须保持手部的清洁，赢在洗手。

你的洗手方法对吗？洗手不仅要注意方法，而且要勤于洗手。

进食之前，接触过血液、泪液、鼻涕、痰液与唾液之后，做完清洁工作之后，接触钱币之后，在室外玩耍之后，沾染脏东西之后，户外运动之后，购物之后，便后，等等，都要认真洗手。至于湿纸巾，再怎么擦也难以清除手上的细菌。

保持你纤纤玉手的洁净是抵御细菌传染的第一道防线，你做好准备了吗？

要想赢在洗手，下面的步骤可都要做到位。

1 取适量的皂液于手心。

2 掌心相对，手指并拢，相互揉搓。

3 手心对手背，沿指缝相互揉搓。

4 掌心相对，双手交叉，指缝相互揉搓。

5 弯曲手指，使关节在另一手掌心旋转揉搓。

6 将五个手指尖并拢放在另一手掌心旋转揉搓。

7 打开水龙头用流动的水冲洗手部，将手腕、手掌和手指充分冲洗干净。

啃指甲，你多大了

你是不是喜欢啃指甲或咬手指？这可不是个好习惯。

不过不要着急，你绝不是唯一有这个坏习惯的女孩。好消息是，已经有许多女孩通过以下行之有效的方法改掉了这个坏习惯，你也试试吧！

❶ 握住一个小石子或一块橡皮等小物件，让你的手忙起来，而不要把它放进嘴里。

❷ 在你的指甲上涂一层味道难闻的护甲油，这样会减少你啃指甲的欲望。

❸ 戴上手套睡觉，这样你就不会在睡梦中咬手指了。

❹ 奖励自己的进步，你可以在日历上记录下你没有屈服于坏习惯的天数，并在实现目标时奖励自己。

相信以上方法会帮助你克服这个坏习惯。

如果还不奏效的话，你也可以向医生或父母请教，但千万不要放弃——改掉多年以来的坏习惯总是需要花上一点儿时间和耐心的。

老　茧

老茧是由于皮肤长期摩擦物体而形成的。那么，看看你的手上有老茧吗?

运动员由于长期训练，身上就有很多老茧，而你手上出现老茧则可能是由于扫地、紧握住车把或者长期握笔写字而形成的。

老茧的出现让我们的手显得粗糙。试着干活的时候戴上手套，日常多涂点儿护手霜，这都有助于预防老茧出现。

没有老茧的手，是不是让你在与别人打招呼时更自信了呢?

剪指甲

你的指甲存在参差不齐的情况吗？

你有没有在洗衣服时被自己的指甲划过手？

你的指甲是不是因为太长而积存污垢，显得脏兮兮的？

好好用指甲剪修剪你的指甲吧，差不多一周一次就可以了。

修剪时，先用指甲剪剪出理想的甲形，然后用砂板磨平指甲上任何尖锐不平的地方，这样你的指甲表面看起来就更有光泽了。

如果你手指上有倒刺的话，也把它剪去。千万不要用牙咬或用手撕倒刺，那样做会让情况变得更糟。

你的腿和脚

青春期的你总是走来走去，一刻也闲不住，这给你的腿和脚带来了严重的负担。做点儿什么来改善你腿和脚的情况吧！

腿好疼

进入青春期之后，你有没有觉得自己的身高在噌噌地往上长，尤其是腿，好像变长了不少？

这很正常。青春期的你进入了一个快速成长的过程，而你的腿部有时会产生疲乏、疼痛、抽筋的感觉。

不要担心，这些偶尔会有的成长痛会在青春期后逐渐消失。如果你的腿暂时看起来与身体不成比例，不要担心，你身体其他部位的生长会很快赶上它们的！

脚　臭

青春期的你总是精力旺盛，不停地东奔西跑。可是，回到家脱掉鞋子时，烦心事来了吧？脚好臭！

对付脚臭的最好方法是预防。

记住要穿袜子，而且是干净吸汗的棉袜。

另外，鞋子不透气，臭味就会越积越浓，塑料以及其他合成材料的鞋子是造成脚汗、脚臭的重要原因之一。所以，选择鞋子的时候，优先选择那些用天然材料，像皮革或帆布做的鞋，让脚自由地“呼吸”。想要除去鞋里的臭味，可以在鞋里放些小苏打，然后晾上一夜。第二天早上抖出小苏打，你会发现几乎闻不到鞋子的臭味了。

不相信的话，赶紧试试吧！

噢，水泡

你有没有这样的经历：在一次激烈运动过后，你发现在鞋子与皮肤经常摩擦的地方出现了疼痛难忍的水泡？有时候，这些水泡会裂开。

摩擦有时会在皮肤上形成水泡，这是很正常的。这时，千万别自己挤破水泡，也不要用针刺破，否则很容易感染。如果是比较小的水泡，要保护好它，让它慢慢自己吸收；如果是很大的水泡，那首先就要进行消毒，然后用无菌注射器上的针轻轻扎个眼，把里面的液体用无菌棉棒挤出来。外皮千万不能弄破，因为外皮可以起到防止细菌入侵的作用。

另外，如果伤口弄破了，也尽量不要用纱布或其他的东西捂上，因为不透气很容易引起感染。

保养你的双脚

脚承担了我们身体大多的重荷。为了让双脚保持最佳状态，我们应当给予它们一些额外的关注。

洗澡时，对于脚趾之间的区域，要用力进行擦洗。对于脚指甲，也要进行充分清洁，使指甲缝中没有残留的污垢。

洗澡后，要定期修剪脚指甲，此时的指甲是最柔软也最易修剪的。这样能有效地预防指甲的尖角嵌入皮肤而形成嵌甲。

脚趾需要足够的空间来活动，所以，永远不要买那些穿起来不合脚的鞋，不管你有多喜欢它们——你会因为穿这样的鞋而感到无比痛苦，以至于无法享受鞋子带给你的美丽。

我国有句老话："热水泡脚，赛吃人参。"所以，千万不要忘记每天用热水泡脚哟！

美美的皮肤不能见光吗

皮肤干燥缺水？皮肤被晒黑了？肤质越来越差？这都是青春期的你可能面临的皮肤问题。如何改善这些问题，让你的皮肤更加有光泽呢？

我的皮肤是什么类型

你是不是经常为如何护理自己的皮肤而烦恼呢？

要想保护好自己的皮肤，就得先搞清楚自己皮肤属于哪一种类型，然后再根据各种类型皮肤的特点，科学地使用护肤品并对皮肤进行保养。

下面我们就总结一下常见的几种皮肤类型及其护理重点，聪明的你开始对号入座吧！

1. 干性皮肤

干性皮肤的毛孔不明显，皮脂的分泌量少而均匀，没有油腻的感觉，角质层中含水量少。这类皮肤不够柔软光滑，缺乏应有的弹性和光泽。肤色洁白或白中透红，皮肤细嫩，经不起风吹日晒，常因环境变化和情绪波动而发生变化，易起皮屑，冬季易发生皲裂。

因此，这种皮肤要注意保护，否则很容易出现早期衰老的现象。干性皮肤的人，洗脸、洗手需要选择碱性小的清洁乳或香皂，否则会使皮肤越洗越干。清洁皮肤之后，要用一些油脂类的护肤品，这样才能有效滋润皮肤。

2. 油性皮肤

油性皮肤的毛孔粗大，皮脂分泌较多，皮肤表面有光泽，油腻感颇重。而且，油性皮肤易长粉刺和小疙瘩，但经得起各种刺激，不易长皱纹，不易出现衰老现象。其肤色常为淡褐色、褐色甚至红铜色。

对于油性皮肤的人来说，要特别注意皮肤的清洁。在护肤前，要用洁面乳洗去过多的油脂；清洗后，不宜涂擦油脂含量较高的护肤品，否则很容易造成油脂堵塞毛孔，诱发粉刺和毛囊炎。

3. 混合型皮肤

有的人皮肤并非是单一的类型，如面颊为中性或者干性皮肤，而前额、鼻翼、下颌等部位则皮脂分泌较多，属油性皮肤。

这类皮肤的护理应该分区进行。因为面颊部分护理起来比较容易，而面部 T 字部位易附着污垢，导致粉刺、毛囊炎等。

4. 中性皮肤

这类皮肤皮脂分泌适中，皮肤不粗不细，对外界刺激也不太敏感。

中性皮肤的人选择护肤品比较容易，一般来说，各类洁面乳、护肤霜都可以尝试。

5. 过敏性皮肤

一般来讲，过敏性皮肤毛孔粗大，皮脂分泌量偏高，使用某些护肤品后经常会出现皮肤过敏、红肿、发痒等情况，个别的反应剧烈，甚至发生刺痛。

因此，过敏性皮肤的人不宜过多使用化妆品。使用时，最好选用不含刺激性成分的护肤品，或者在使用前先进行测试。

看了皮肤的5种类型介绍，你能确定自己的皮肤类型了吗？那么，就开始有针对性地护肤吧！

任何肤质都要防晒

所有皮肤，无论肤质如何，如果未加防护便暴露在强烈的阳光下，很可能会被晒伤，严重的话会导致一系列过敏反应，甚至会患上皮肤癌。

这不是耸人听闻。所以，不管你是什么肤质，也不管是阳光明媚的夏天还是雪花纷飞的冬天，你都应当做好防晒工作。

危险的光线辐射无时无刻不在，即使是在阴天或冬日，太阳也会损伤你的皮肤。而且，阳光经云和雪折射后会变得更加强烈。

所以，在出门前，务必要涂上防晒霜。

当然，防晒产品并不是千篇一律的，防晒产品有着防晒的评级，我们称为防晒系数（SPF）。所以，在选择防晒产品时要注意其防晒系数。每个人都应当使用防晒系数在15以上的防晒产品。皮肤白皙的女生应当使用防晒系数为30或者更高的产品。

如果你去游泳，无论你是什么肤色，都要涂防晒系数至少为45的防水型防晒霜。

另外，防晒霜并不是涂上之后就万事大吉了。倘若你经常在户外活动，那么应随身携带防晒霜并且每隔几小时就重新涂抹一次。当你在海边或者泳池的时候，出水后重涂防晒霜更为重要。

如果你想拥有光洁的皮肤，就从防晒开始吧：戴一顶帽檐宽度足以遮挡住脸颊、耳朵以及脖子的帽子，穿上能够使皮肤免受阳光照射的衣物，涂上防晒霜后再去户外运动。

美女，是睡出来的

相信每一个女孩都有公主情结。

你是不是对小时候看过的《格林童话》记忆犹新？你当时是不是常常沉浸在神秘、美妙的童话世界中？你是不是常常在合上书本时静坐遐想，幻想自己就是那书中美丽的公主？

你是否记得这样一则故事：一位妙龄公主因为受到诅咒而沉睡了百年，却依旧美丽动人。一位王子发现后惊讶于她的美貌，情不自禁地俯身吻了公主，公主从沉睡中醒来，最后与王子结成了美满姻缘。

看完故事，我们也许会向长辈寻求公主美丽百年的秘密，母亲也许会这样告诉你：是睡眠帮助了公主！

长大后，我们懂得了现实生活与童话有着很大的差距，但在睡眠可以美容这一点上，现代科学证实了童话的正确——正是睡眠使得女孩驻颜有术。

睡眠是人类适应自然的一种状态。当夜色来临，处于熟睡中的人

是平静和幸福的。睡得好除了能消除疲劳、恢复精力，同时对于健康和美容也有着非常关键的作用。

人在睡眠时皮肤新陈代谢格外活跃，而供给皮肤营养的毛细血管循环持续增多。良好的新陈代谢使皮肤能够吸收足够的营养，清除表皮的多余物，保证肌肤再生。

“美容觉”的最佳时间是晚上 10 点至次日凌晨 2 点，这段时间是身体机能新陈代谢最旺盛的时间，也是内部调整最好的时间。

正确睡好“美容觉”可以带来意想不到的美肌效果，所以，想变漂亮的你千万不要熬夜哟！这样，你才能总是神采奕奕，肌肤紧致，眼睛明亮。

减少辐射对皮肤的伤害

随着电脑的普及，你每天是不是花越来越多的时间坐在电脑前了？可是，你有没有发现，自己的皮肤也越来越差了？

这是因为电脑辐射对你的皮肤产生了一定的伤害。青春期的你，皮肤美美的才能更自信，那我们就看看如何减少辐射对皮肤的伤害吧！

1. 减少对着电脑的时间

你要尽量避免长时间坐在电脑前。如果你需要长时间使用电脑的话，那也应该保证每 2 小时左右就起身休息一会儿，也可以到卫生间洗洗脸。

另外，每次用完电脑后要彻底清洁脸部，否则吸附在脸上的灰尘会影响你的肌肤，甚至会导致你的皮肤出现小红疹或红斑。

2. 涂防护乳液

长时间坐在电脑前时应该涂防辐射的乳液，这类乳液含抗氧化活性物质及维生素 E，能迅速帮你的肌肤形成保护层，改善因电脑、手机、电视等辐射产生的皮肤色素沉着、毛孔粗大、痤疮、多油等现象。

3. 食疗改善皮肤状况

面对周围众多的辐射源，我们的皮肤会变得干燥，你也可以通过多吃防辐射的食物来改善皮肤状况。

茄子、扁豆、胡萝卜、花菜、卷心菜、黄瓜、番茄、牛奶、蛋、香蕉、苹果、草莓等，都是防辐射的好帮手。

有意识地减少辐射对皮肤的伤害，你的皮肤才能更有光泽，青春期的你才会更漂亮、更迷人！

第三章

要长大了吗

不知道什么时候，你感觉到自己的身体发生了变化。胸部鼓起来了，腋下长出了腋毛，阴部也长出了阴毛，这是要长大了吗？也许，你对这些变化感到不知所措，却又不好意思问父母，那么，就看看本章中是怎么说的吧！

Chapter Three

腋下的发育

腋毛是女性的第二性征之一，面对腋窝下难闻的味道和黑乎乎的腋毛，青春期的你该怎么办呢？

腋窝的味道好难闻

流汗很正常，这是健康的表现，也是身体降温的方式。

但与以前相比，你可能更容易流汗，而且会在不同的地方出汗，比如腋下。

这是否增添了你的烦恼呢？因为，你会感觉到腋窝的味道好难闻，你甚至担心与你接触的人会闻到你腋下的味道，你因此而不好意思了吧！

其实，这很正常，因为汗水与皮肤上的细菌混合在一起，再接触到空气，腋下就会产生异味。你可以采取一些措施来消除腋下的气味。

每次洗澡时，用肥皂在腋下揉出丰富的泡沫，这是个不错的开始。

每次清洁腋窝的时候，你会不会有这样的想法：希望有种东西既能止汗又去异味，二者兼顾。其实，现在市场上有许多香体剂或止汗剂，都可以达到这个效果。另外，产品的形式也多种多样，有走珠式、啫喱式或喷雾式的。

如果你觉得有必要，那么，从中选择一款适合你的产品吧！

腋毛的出现

也许你的腋毛已经冒出来了，也许你现在还没有腋毛，不过，应该很快就会有了。

腋毛也是我们作为女性的第二性征之一，是肾上腺开始分泌雌激素的结果。一般来讲，我国女孩大致在 14 ～ 15 岁出现腋毛，是进入青春期的标志之一。

所以，如果出现了腋毛，不用难为情地只穿长袖，看看你的同伴，她们腋下应该和你一样啦！

每个人长大后都会长腋毛，它们帮助吸汗以避免汗水往下流。不过，也许你并不喜欢腋毛的存在。如果你觉得没有腋毛更舒服的话，也可以考虑除掉它们。不过，在做出这个决定之前，不妨先去妈妈或者姐姐那里取取经，不然你会弄疼自己哟！

除腋毛小贴士

现在，随着女性越来越注重形象美，市场上也出现了形形色色的脱毛方法，如激光脱毛、电动脱毛器脱毛、脱毛膏脱毛等。

不过，对于青春期的女孩来说，没有必要尝试这些高风险或高价钱的方法。我们还是试试下面这个简单安全的除腋毛的方法吧。

❶ 我们应该在洗澡后刮腋毛，因为湿润的毛发非常柔软。

❷ 刮腋毛的时候，最好使用一款剃毛膏或香皂，这样能减少不必要的疼痛。

❸ 刮腋毛的时候不需要用太大的力气，轻轻地用剃须刀一点点向下刮即可。

❹ 刀片在使用过两三次之后要更换，因为锋利的刀片是顺利刮毛的诀窍，而钝的刀片则可能会刮伤自己。

胸部鼓起来了

胸部鼓起来了，身体开始呈现新的曲线。对此，你是喜悦、新奇，还是有点儿惶恐呢？不要担心，读完这一部分，你就会明白应该如何面对自己胸部的发育，如何养护出漂亮的胸部。

乳房什么时候发育

最近，我有点儿心事。其实说起来挺奇怪的，不知怎么搞的，我的胸部有点儿疼，摸上去好像里面长了个硬硬的东西。而且，胸部好像有点儿微微隆起。这是怎么回事呢？难道是我被蚊子咬了吗？

后来，我和邻居家的朵朵比谁的胸大，她的竟然比我的大！看着她的得意劲儿，我很不服气，为什么我的就没有她的大呢？

好奇怪，我和朵朵都不明白：为什么乳房会鼓起来？为什么朵朵的乳房比我的大？我们的乳房什么时候才能像妈妈的那么大呢？

女孩进入青春发育期，最先发育的就是乳房。当你在 9 ~ 12 岁时，你可能开始注意到胸部在发生变化，尽管这种变化出现的时间因人而异。

关于为什么同样是女孩，乳房却不一样大的问题，这也不用担心。由于雌激素的分泌才使我们的胸部发育起来，因此，不同的女孩乳房的发育程度也是不一样的。

乳房发育是一种正常的生理现象，是从小女孩走向大姑娘的第一步。所以，我们要保护好自己的乳房，这也是美丽的一部分，你可不能掉以轻心哪！

乳房发育的五个阶段

乳房的发育过程一般分为以下几个阶段，看看你现在处于哪个阶段，并预测一下自己的乳房接下来的变化吧！

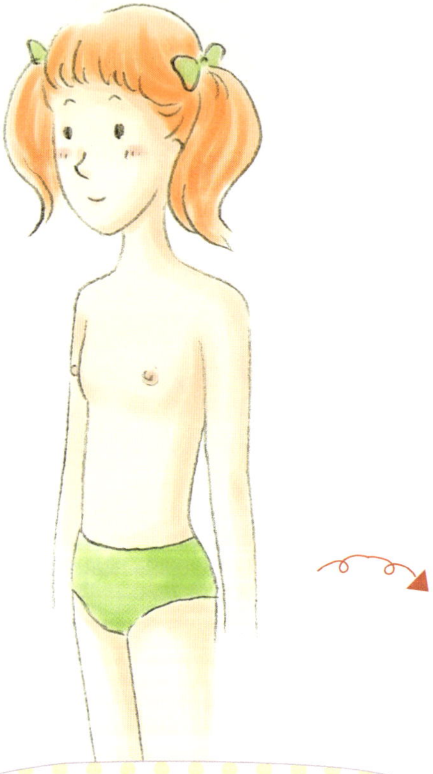

阶段一

这是青春期初始阶段大多数女孩乳房的样子。乳房几近平坦，伴有增大的乳头和小范围乳晕。

阶段二

乳房和乳头逐渐增大，并且出现乳晕。随着乳房增大，用手摸这一区域，你可能会感觉到非常柔软。

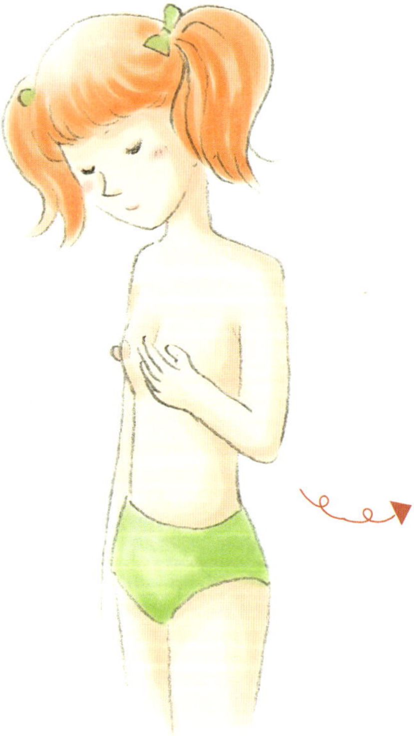

阶段四

乳晕和乳头融合在一起呈圆锥状，乳房明显高出胸部。

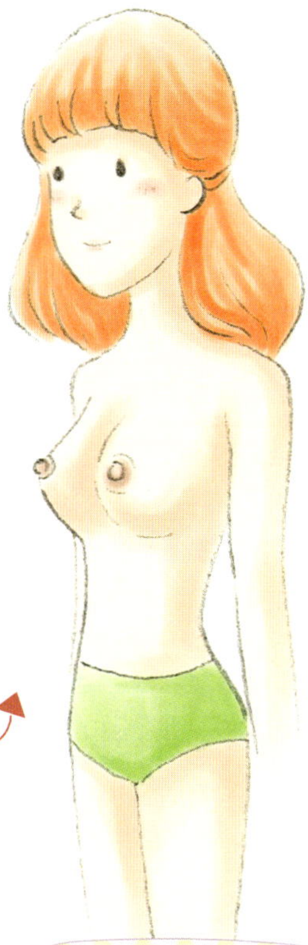

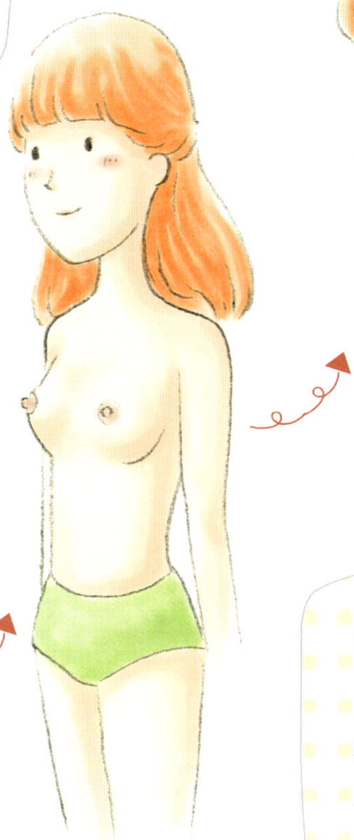

阶段五

这个阶段乳房成熟，乳房线条丰满清晰，乳晕与乳房的圆形融为一体，乳头大而突出。

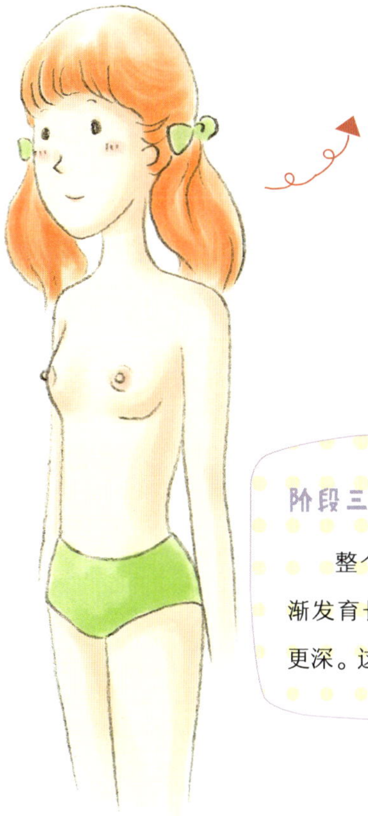

阶段三

整个乳房的腺体、乳晕均在逐渐发育长大，并且乳晕的颜色变得更深。这时的乳房看起来有些突出。

如果你看似并没有经历某个阶段，也不要慌张，有些女孩可能跳过了中间的某个阶段。

整个乳房的发育过程比较缓慢，而且个体差异很大，有些女孩可能在一年半内完成，有些则会持续 9 年，还有些直到首次妊娠时乳房才最后发育成熟。所以，当你比其他人发育得慢时，不要惊慌，你并不是被遗漏的那一个！

对于不同的女孩来说，乳房发育过程大同小异，青春期的你为了拥有健康的乳房，应该关注乳房的发育过程，这样才能塑造出玲珑的体态，增添自己的魅力。

胸部大了才是女生？不，胸部痛了才是女生

今天走路时，我一个不小心，胸部撞到了门上，疼得实在受不了。怎么会这么疼呢？撞到胳膊、腿的也不会这么疼啊！天哪，我该怎么办？

你有过这样的情况吗？

在乳房发育的过程中，乳房疼痛、酸胀等都是发育过程中正常的生理现象，不必惊慌，此症状一般会自行消失。

不过，如果你的乳房疼得厉害，或者出现肿块的话，你就应该告诉家长，并让妈妈带你去看医生。千万不要因为害羞而耽误了哟！

两侧乳房不对称怎么办

为什么两边乳房不对称呢？

你有这样的困惑吗？女孩到了青春期，乳房逐渐发育，但是不少处于青春期的女孩经常会发现一边乳房高耸，而另一边乳房则较扁平。

其实，每个女生的两侧乳房都不可能同等大小，这种暂时性的两侧乳房大小不一的现象并不少见。所以，你不必为了这种情况而忧虑，也不用采取什么治疗措施。

如果你觉得乳房不对称不太雅观的话，可以通过增强胸肌的锻炼加以矫正。例如，平时多有意识地用手提、捧重物，不仅可以锻炼胸肌、增大乳房，而且可以促进胸部发育，使你更健美。

另外，如果你的左侧乳房较小，你可以用右手轻压左侧乳房，按照顺时针方向进行推拿，反之亦然。这样每日 3 次，每次 30 下，亦可起到平衡乳房大小的作用。

但如果你的乳房出现视觉上明显的大小差异，如一侧乳房非常饱满，而另一侧像男孩的胸部一样平坦的话，则属于乳房发育异常的范畴。这时候，不要害羞，为了让自己拥有漂亮的乳房，请教父母或医生吧！

锻炼出漂亮的胸部

面对自己外扩的胸部，你是不是有点儿苦恼呢？

面对自己平坦的胸部，你是不是有点儿迫不及待呢？

好吧，如果你想让自己更具有女人味的话，不妨做点儿胸部运动。

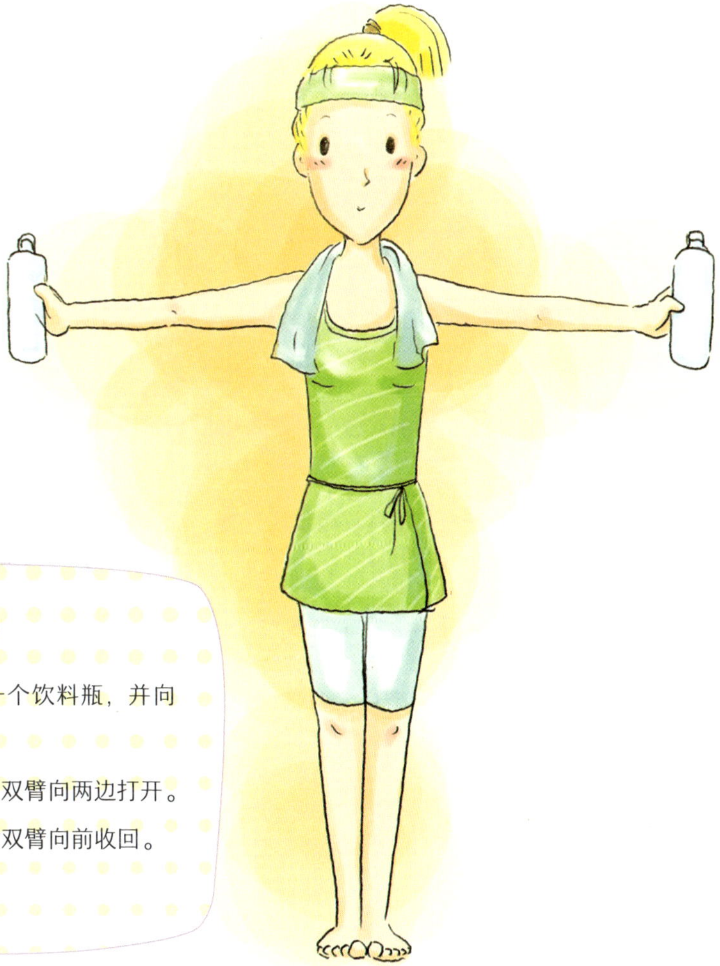

1. 轻松锻炼胸部

❶ 双手各拿一个饮料瓶，并向前伸出。

❷ 呼气，同时双臂向两边打开。

❸ 吸气，同时双臂向前收回。

这一系列动作共做15下，每天做3次左右，能够很好地锻炼胸部。如果你的胸部有点儿外扩，这个运动能使你的胸部聚拢。

2. 让胸部变得漂亮又挺拔的简单动作

❶ 双手在胸前对合，力量集中在手掌。

❷ 手掌根部用力互相推压，每日做5～8次。

怎么样，这几招超级简单吧？如果可以，多做做瑜伽动作吧！过一段时间，你会发现自己的胸部既挺拔又圆溜溜的！

青春期，该如何保护乳房

乳房是我们女性宝贵的一部分，做好青春期乳房保健，可以让我们的乳房将来更加挺拔丰满。那么，我们该如何保护自己的乳房呢？

1 避免外伤

当进行体力劳动或运动时，应注意保护乳房，以免乳房被挤压或撞击。在乳房发育过程中，时常会出现轻微痒感或胀痛，尽量不要用力抓挠、挤捏。

2 坚持乳房的局部按摩

在每天早起和临睡前，用双手按摩乳房几分钟，先从乳房周围到乳头，再提拉乳头 5 次。坚持按摩的同时，适当补充营养会增强按摩效果。

3 注意姿势

走路时要抬头挺胸，收腹紧臀；坐时也要挺胸端坐，不要含胸驼背；睡眠时要取仰卧位或侧卧位，不要俯卧。

4 注意饮食营养

青春期的女孩不能为了片面地追求曲线美而盲目地偏食或节食，摄入适量的蛋白质能够增加胸部的脂肪量，从而保持乳房健美。

5 选择适宜的文胸

乳房发育因人而异，存在较大差别，很难依年龄划分。通常应根据乳房具体发育情况，在乳房基本定型时穿戴文胸。

戴文胸

戴文胸？你会不会觉得这个问题有点儿难为情？可是，戴文胸能帮我们托住胸部，防止它将来下垂。所以，女孩子在胸部发育到一定程度后，一定要穿戴文胸。不然，说不定胸部以后会下垂，就不漂亮了。

该戴文胸了吗

乳房开始发育以后，青春期的你可能会问，我该什么时候穿戴文胸呢？

这个问题其实是没有标准答案的，要因人而异。

你会因逐渐隆起的乳房从上衣里透出而难为

情吗？你的乳房在运动时会感到不舒服吗？如果你对这些问题的回答都是肯定的话，那么，你就该戴文胸了。

当然，也有数据显示，当乳房上部经乳头到乳房下部的距离大于16厘米时，建议开始戴文胸。

总的来说，当你感觉穿上文胸比不穿舒服时，你就需要它了。

要告诉妈妈吗

你是不是有这样的苦恼：你想穿文胸了，是直接奔到内衣店买一件，还是先告诉妈妈呢？

直接去买，你怕妈妈迟早会发现；告诉妈妈，你又觉得难为情。对不对？

其实，成长是一件很自然的事，如果你决定穿戴文胸，那么你就需要与妈妈或年长一些的家庭成员谈一谈，向她们解释清楚你需要它的原因，并且询问她们是否可以和你一起去内衣店挑选文胸。

如果妈妈不同意，那么很可能是因为她觉得你的乳房还没有发育到穿文胸的程度。

如果你周围的人已经穿上文胸而你没有，这让你产生被忽视的感觉的话，不妨在上衣里套个背心，这样就没人能分辨出你是否穿了文胸。

或者，你可以和妈妈商量，提出先穿戴运动型文胸的要求。

不过，在挑选文胸之前，要先测量一下你乳房的尺码。

测测你的尺码吧

买文胸时，往往需要先测量一下适合自己的文胸尺码。这个尺码往往是一串类似“75B”“80A”的数字加字母的编码，那么，具体尺码是如何计算的呢？看了下文你就一目了然啦！

上述的“75”和“80”是指你的下胸围尺寸，即水平围绕乳房底部一周的长度，单位是厘米。

上述的“B”和“C”则是指你乳房的罩杯。罩杯的计算公式是：

罩杯尺寸 = 上胸围尺寸 − 下胸围尺寸。

测量乳房上围尺寸时，用尺子绕胸部最高点一周，其长度即为你胸部的上围尺寸，如测量尺寸时遇到小数，最好采用进一法。

得到胸部上围和下围的尺寸后，我们就可以按照下面的对照表来计算自己胸部罩杯的大小了。

不过，即使你找到了尺码合适的文胸，可能还需要做些调整。你可以根据自己胸围的大小，通过改变文胸背扣的位置来收紧或放松文胸。

上下围差（cm）	文胸罩杯
≤7.5	AA
约10	A
约12.5	B
约15	C
约17.5	D
≥20	E+

如何挑选最适合你的文胸

佩戴文胸有助于乳房发育并防止乳房松弛下垂，可是如果佩戴的文胸不合适的话，很容易适得其反。你已经测量出自己乳房的尺寸，赶紧看看如何挑选适合你的文胸吧！

运动型文胸

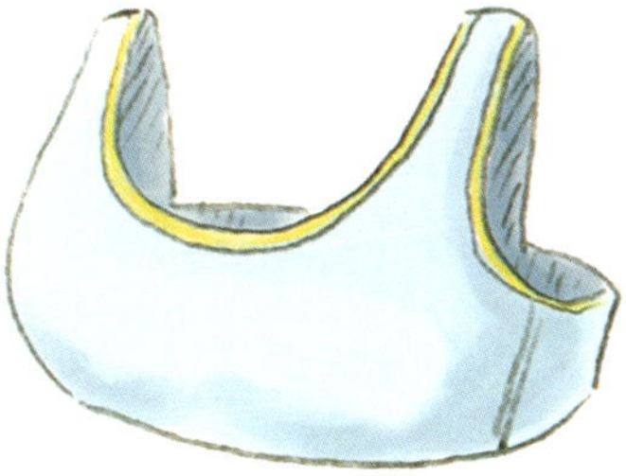

运动型文胸肩带很宽，有很好的弹性。这种设计可以让乳房与文胸很好地贴合，这样一来，当你跑步或跳跃时，乳房就不会来回晃动啦！

这是一开始最适合穿的文胸，它可以保护刚刚发育的胸部，不让它下垂，以便适应以后穿戴正式的文胸。

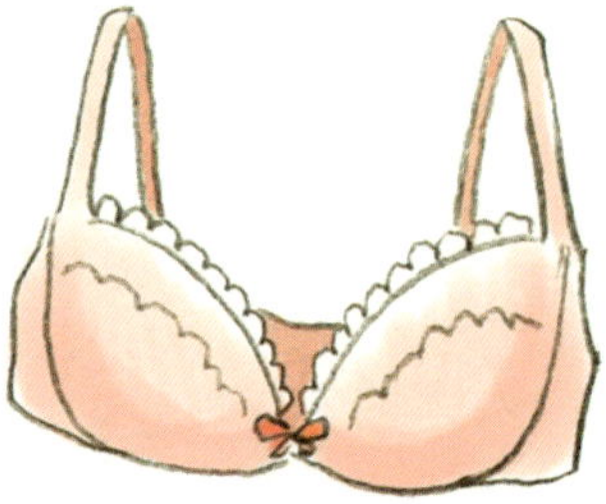

2 软罩杯文胸

软罩杯文胸的特点是柔软而有弹性。对于大多数 B 罩杯或 B 罩杯以下胸围的女生来说，软罩杯文胸是非常舒适的，可以满足她们对文胸的需求。

3 带钢圈的文胸

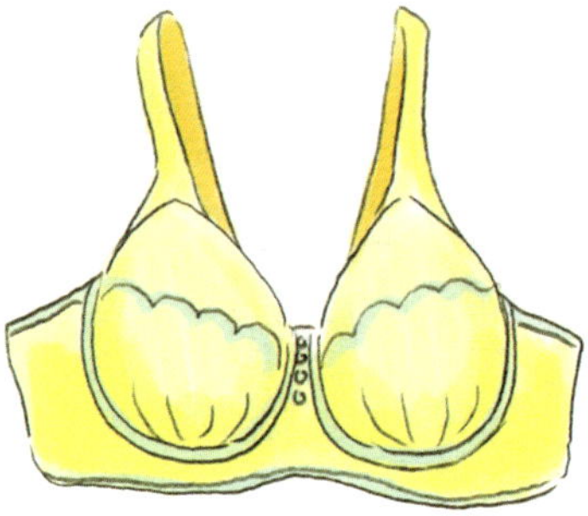

这种类型文胸的罩杯底部分别缝有弯曲的钢圈。拥有 C 罩杯或 C 罩杯以上胸围的女生可能想要带有钢圈的文胸，因为钢圈可以很好地托住乳房，走动时不至于经常晃动，并且钢圈也能塑造出更漂亮的胸型。

怎么样，你找到属于自己的文胸了吗？选择一款大小、款式都合适的文胸才能更舒适。

怎样穿戴文胸

1 先把文胸的带套在肩上。

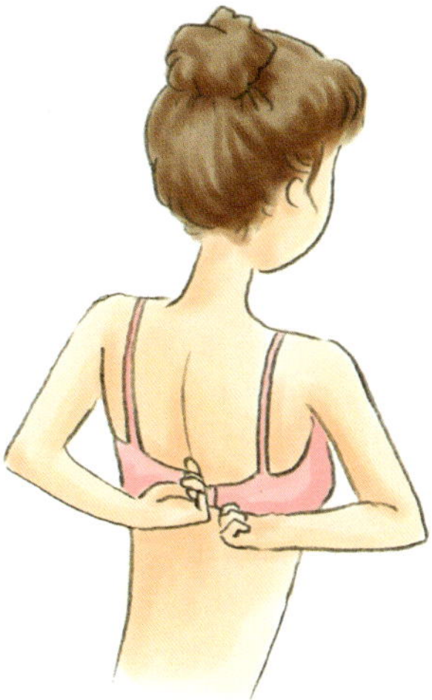

2 把胸部放进罩杯中，把背带扣上。

3 用手将松散到腋下的胸部聚拢，同时用另一只手朝相反的方向拉文胸的底边，使胸部全收到罩杯中。

4 用手整理罩杯边缘。

5 把肩带调整到合适的松紧度，左右活动身体看看有没有不舒服的地方。

买回属于你的文胸，现在就穿上它吧！

穿上文胸的你，是不是觉得自己乳房的轮廓更加清晰，女孩特有的曲线更漂亮了呢？

怎么？感觉闷闷的？不要紧，这是刚开始不太习惯的原因，慢慢就好啦！

文胸和外衣要搭配

文胸并不是穿上就一劳永逸了。你是不是不愿意让别人窥到自己文胸的颜色？所以，文胸要和外衣搭配好，这样才能更时尚。

❶ 夏天穿薄衣服的时候，尽量不要选择网格或有配饰的文胸，那些不露出缝纫线的无痕文胸才更合适！

❷ 如果你要穿无袖短衫的话，不妨用透明的肩带来代替文胸原来的肩带。这样，你看起来会更时尚！

❸ 如果你喜欢穿浅色的衣服，千万不要在里面穿深色的文胸！只有穿上接近肤色或同外衣一样颜色的文胸，才不容易透出里面穿了什么。

文胸的洗涤

文胸是女孩最贴身的衣物，那么，洗涤文胸时该注意哪些问题呢？

❶ 用冷水或低于 25℃的温水洗涤，切勿使用热水。

❷ 使用洗剂要适量，过多的洗剂会为衣料带来负担，从而损坏文胸。应先将洗剂完全溶于水中，待完全溶解后，才可放入文胸。如果洗剂直接沾到文胸上，很可能会导致文胸颜色不均。

❸ 不要使用漂白剂，含氯的漂白剂会使浅色文胸变黄。

❹ 文胸的背扣附近设有洗涤用的小毡子，用它与文胸互相摩擦，即可完全去除污渍。

❺ 文胸应以“轻按”的方式手洗，不能过分挤压，以免弄皱。特别是有钢圈的文胸，不要用力扭。

❻ 晾干时，最好用夹子夹住文胸下部倒挂着晾干，以免文胸变形。

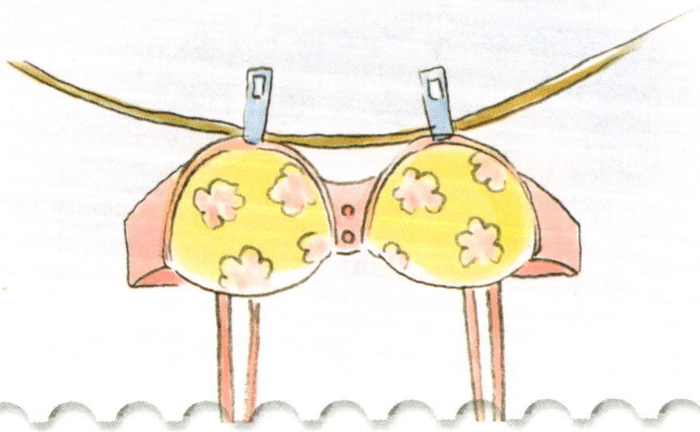

文胸的收纳

在文胸的使用过程中，我们要注意文胸的清洁。我们可以多备几件交替着穿，这样每件文胸都可以延长使用时间了。

这就涉及文胸的收纳问题了。文胸的收纳非常有讲究，不仅要保型、保色，还要条理清晰、拿取便利。那么，该如何收纳文胸呢？

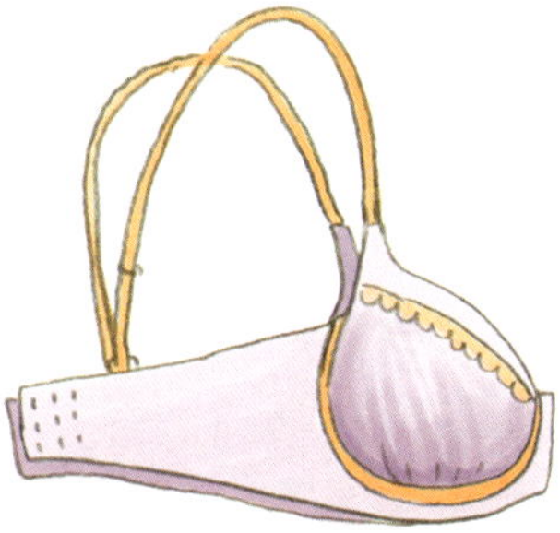

❶ 把文胸两边对折。

❷ 把文胸一边的罩杯压到另一边的罩杯中，使其呈双层。

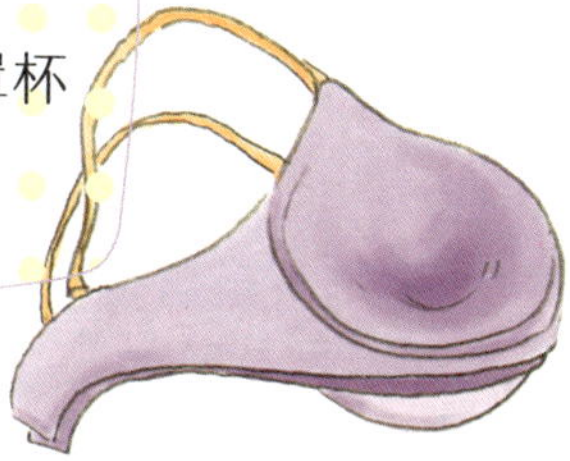

❸ 把肩带和罩杯两端有弹力的带子放进罩杯中。

❹ 折叠后的文胸上不要堆放衣物，以免破坏罩杯的形状，使其变形。

小腹下的变化

私密部位出现了阴毛，内裤上出现了白色的液体，这些变化是不是让你不知所措了呢？不要着急，现在就告诉你这是怎么回事。

阴毛出现

你是不是有过这样的经历：在不经意间发现自己的重要部位长出了阴毛。

你是喜悦、庆幸自己终于成为大人了，还是忧虑、害怕别人知道自己的变化？

阴部长出毛发是青春期开始的信号之一，也是肾上腺开始分泌雄激素的结果。不要紧张，你又向成人迈进了一步！

阴部是指髋骨与两腿之间的“V”形区域。在青春期之前，这个区域十分光洁，或者只有一些柔软纤细的毛发。而青春期开始后，这些毛发自然生长，并且颜色不断加深。最终它们会变得浓密、粗长而且卷曲，形成三角区域的覆盖层。

随着你逐渐长大，阴毛的生长也许会延伸至大腿内侧。一些成熟女性的阴毛甚至会延伸至肚脐以下，形成一条狭窄的带状区域。

所以，私密部位的阴毛也和你一样，具有青春的活力哟！

内裤上的白色东西

进入青春期后，你在洗内裤的时候，可能会发现内裤上有些“不明物体”——一些白色的东西。

或许你没注意到，或许你还没有出现，不过它总会来的。那么，这些白色的东西是什么？

这些“白色的不明物体”是白带。健康的女性都会有白色的或者是没有颜色的白带，这是正常现象。

你是不是觉得有点儿烦，有点儿讨厌白带?

其实，白带对你是非常有用的。它能帮助你保持阴道的湿润，并且可以有效地保护生殖道不受细菌的侵犯。白带保卫着你子宫的大门。

一般来讲，白带通常是清澈的或呈乳白色，并有淡淡的气味。如果白带呈黄色或像白色乳酪一样，并有浓重异味，或者你感到阴户发痒、红肿，就必须去看医生，因为这有可能是病菌感染。

面对这种情况，你一定不能犹豫或者害羞，不然病菌可能会侵占你的“秘密花园”哟!

关于阴道的知识

当你有白带出现的时候，也许你会产生疑问，这是从哪里分泌出来的呢？为此，你有必要了解一下自己生殖器的秘密。

阴道是由黏膜、肌层和外膜组成的肌性管道，富有伸展性，连接子宫和外生殖器。

它既是女性的性交器官，也是排出月经和分娩胎儿的管道。

一般来说，阴道分泌物的正常 pH 值为 3.8。阴道的下部较窄，下端以阴道口开口于阴道前庭。对于处女来说，阴道口的周围有处女膜附着，呈环形、半月形、伞状或筛状。处女膜破裂后，阴道口周围会留有处女膜痕。

你现在是不是越看越迷糊了呢？不要着急，读完本书你就会明白了。

总之，你要知道的是，为了防止感染，你要使双腿之间的部位保持干燥清爽，这样才能让自己的阴道更健康。

让私处清清爽爽

我们的阴阜和大阴唇外侧长满阴毛，此处是自阴道内流出的白带、月经血、外阴分泌物和其他污垢最容易黏附、隐藏的地方。而大阴唇与小阴唇、阴蒂之间的空隙也是细菌生长的理想温床。

因此，为了防止感染，我们每天都要清洗阴部，以除去积聚在那里的汗液和细菌。

注意清洗的顺序，最好先由外向内，再由内向外，即从大阴唇内侧开始，向内清洗小阴唇、阴蒂周围及阴道前庭。在清洗的过程中，要注意阴道口、尿道口周围的间隙。然后，清洗大阴唇外侧、阴阜、大腿根部内侧，最后清洗肛门。

为了自己的私处清爽，可不要偷懒哟！

用香皂洗会生病

为了我们生殖器的健康，经常清洗是好习惯。不过，在清洗过程中，你一定要避免使用碱性洗液或香味过重的香皂和卫生纸，只用清水就可以了。那为什么不能用香皂呢?

我们前面说过，女性的生殖器很容易滋生细菌，而在阴道中有保持阴道弱酸环境的乳酸菌，它能杀死侵入人体的有害细菌。如果你用香皂洗，很容易把这些有益菌杀死，从而导致阴道感染。不过，你有时也可以选择一些弱酸性的洗剂进行清洗。

另外，阴道的弱酸环境变化与人的压力也有一定的关系。在压力大的时候，那些有益的乳酸菌很可能会“死亡”，因此我们应该让心情和身体都保持良好的状态!

选对内裤很重要

内裤是贴身衣物，而女性的“私处”又特别敏感。所以，处于发育阶段的我们，挑选内裤也有讲究。

女孩宜选择白色或浅色、宽松有弹性的纯棉制品内裤。

为了我们的健康，挑选内裤时还需注意以下两点。

1. 不能选择太紧的内裤

内裤太紧，易与外阴、肛门、尿道口产生频繁的摩擦，使得肛门或阴道分泌物中的病菌进入阴道或尿道，引起泌尿系统或生殖系统的感染。

2. 不能常穿化纤材质的内裤

化纤衣物的通透性和吸湿性都比较差，使得白带和会阴部腺体的分泌物不易挥发，易形成一个潮湿的、非常有利于细菌繁殖的环境。

一条合适的内裤，不但能够展现青春期少女漂亮的曲线，还可以预防各种疾病。那么，你选对内裤了吗？

内裤的洗涤和收纳

由于内裤的特殊性，内裤的洗涤变得非常重要。你知道内裤到底有多脏吗？你知道应该多久换一次内裤吗？你知道怎样洗内裤才能洗干净吗？

内裤要天天换、天天洗、及时洗。最好不要让脏内裤过夜，否则容易滋生细菌，并且增加清洗的难度。另外，许多昆虫很喜欢女性的内裤，你要小心哟！

❶ 内裤最好手洗。内裤相对较小，洗涤时，要用拇指与食指捏紧，细密地搓弄，这样才能洗得干净、彻底。

❷ 最好用专门清洗内衣的洗剂，用专门洗内裤的器皿，水最好是凉水。

❸ 洗完后，要将内裤晒干，最好置于阳光下进行消毒。

内裤晒干后，如何收纳呢？

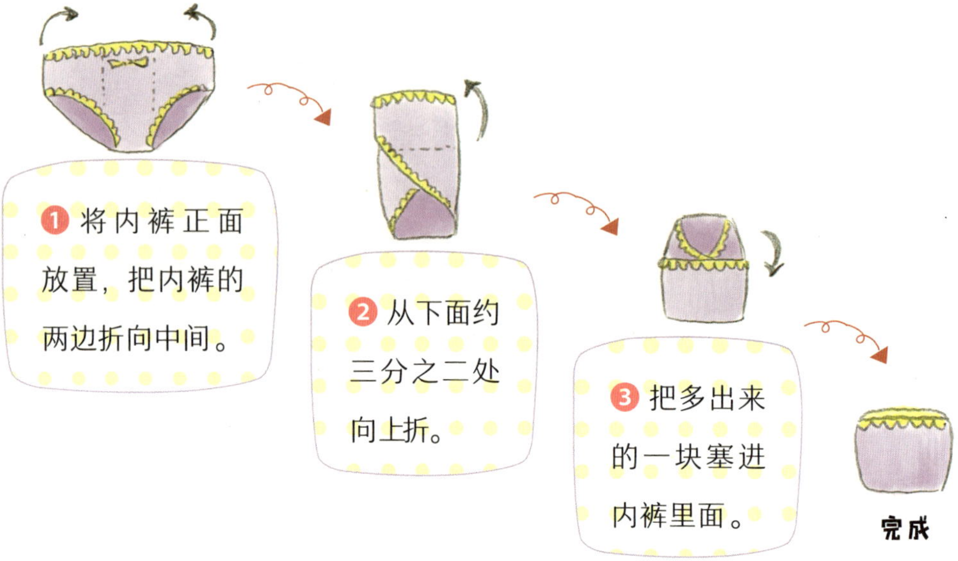

怎么样，内裤的洗涤和收纳你都学会了吧！对待内裤可千万不能马虎哟！

第四章

月经，是倒霉，还是“好朋友”

月经来潮，是女孩走向成熟的标志之一，我们有时候称它为“倒霉”，有时候称它为“好朋友”。这一章，我们就看看如何将“倒霉”变为青春期女孩真正的“好朋友”吧！

Chapter Four

“好朋友”来了

月经时常被青春期的女孩称为“倒霉”，那么，为什么月经来了是“倒霉”呢？月经到底是怎么回事呢？

天哪，下面流血了

为什么我的阴部流出血了？我是不是得了绝症？我的肚子怎么还有点儿疼？我是不是快要死了？

当你初次来月经的时候，你也许会有这样的疑问。

不要慌张，这就是月经初潮。月经是我们的“好朋友”，正是因为月经的出现，我们才成为一个真正的女人。

如果你来月经了，又没有储备相关的知识和“设备”，不要害羞，向妈妈或女老师请求帮助吧，她们一定会给予你贴心的帮助。

为什么会有月经

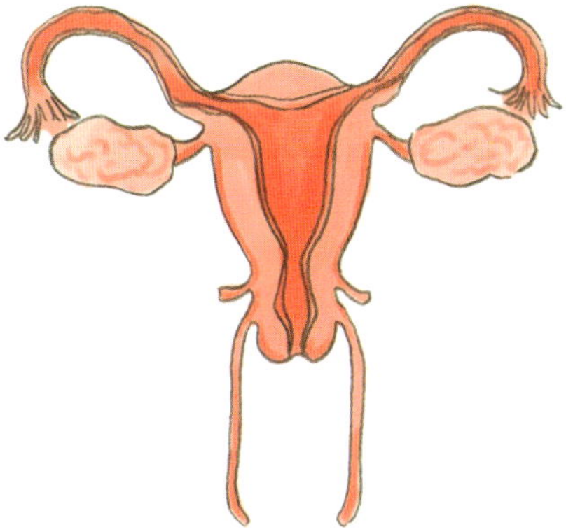

也许，月经来潮让你感觉到厌恶，但这实在没有必要，因为月经不仅表明女孩的身体正在健康运转，而且是在为你将来孕育宝宝做准备。

月经初潮之后，每月你的身体都在做这样一个工作——制造一个“巢”，也就是将来宝宝在你的子宫中成长的地方。那么，月经是如何形成的呢？

1. 子宫为将来的胎儿准备好各种营养成分和柔软的内膜。
2. 子宫两边的卵巢每个月都会向子宫输送卵子。
3. 卵子遇不到精子，无法形成胎儿，内膜和卵子就没有用武之地，所以就会脱落，被排出体外，这样就形成了月经。

这一切是由我们的激素控制的。月经初潮之后，你就成为一个真正的女人了。怎么样，要不要欢呼雀跃一下呢？

白带里怎么会有血丝，这也是月经吗

我的白带里怎么有血丝呢？这是白带异常吗？也不可能是月经来潮，因为“好朋友”刚走啊，这是怎么回事呢？

你遇到过这种情况吗？为什么会出现这种情况呢？

月经来潮后，我们会经历排卵期，而此后，我们体内的激素水平下降，这一变化可能会使子宫内膜小片剥离，并引起少量出血。所以，白带中发现血丝是青春期女孩发育过程中的正常现象，不必紧张。

不过，如果出现白带持续异常，如异味、含血量较多等情况时，可就不正常了，这时候你要及时告诉妈妈，以便及早就医。

初潮之后，学会记录周期

我们前面提到，每个月你的身体都在做这样一个工作——制造一个“巢”，所以当然是一个月经历一次月经。不过，这也不一定。

什么意思？月经周期，即这个月月经开始到下个月月经开始的时间间隔，一般情况下是 28 ~ 30 天。但是，月经的情况往往因人而异，有的女孩隔一两个月来一次，有的半年也不来一次，还有的一个月就来两次。

不过，这毕竟是少数情况，而且这种不太规律的情况一般发生在青春期女孩初潮后 6 ~ 12 个月，以后月经会逐渐变得规律。

月经来潮后，你最好对自己的月经周期进行记录，这样下次来月经时，你就可以提前准备，不至于猝不及防了。

月经期间，情绪怎么这么糟糕

伙伴们都管月经来潮叫“倒霉”了，我也觉得每次快来月经的时候总是非常倒霉，感觉每当这个时候总有人惹我生气！

你有没有这样的感觉？其实，你有没有想过，不是别人总惹你生气，而是你自己的情绪莫名其妙地变得暴躁了。你算算，这个情况是不是每次都发生在“好朋友”快来的时候呢？

其实，这并不是什么严重的问题，你不用紧张。

一般来说，月经来潮期间或月经来潮的前几天，女生或多或少都会出现情绪上的变化，很容易出现不同程度的情绪反常，如心烦意乱、情绪低落、注意力不集中等。而且，稍不如意就容易火冒三丈。

太多不良的情绪很容易导致月经不调或者痛经。所以，“好朋友”来了，我们要保持好心情哦！

对待“好朋友”，你要会未雨绸缪

“好朋友”来了，我们要怎么“招待”呢？卫生巾是不可或缺的。选好卫生巾对于这个特殊时期有重要的意义。那么，我们就来看看如何挑选、使用和处理卫生巾吧！

选什么样的卫生巾

一次月经会持续多长时间？虽然每个人都不太一样，但基本上都在 3 ~ 7 天。

在月经期，我们需要卫生巾帮忙。那么，我们又该选择什么样的卫生巾呢？现在就去超市看看吧。

根据外观来划分，卫生巾有基本型和护翼型；大小也有很多种，从迷你型到中型、大型和适用于夜间的超大型；根据厚度分有基本型、超薄型、丝薄型；根据表面材质分有棉面的和网面的。

我们在选择卫生巾时，要根据月经开始时、中期和快结束时不同的月经量来选择不同长度、厚度的卫生巾。一般来说，卫生巾包装上标明了长度、厚度等信息，挑选的时候很方便。

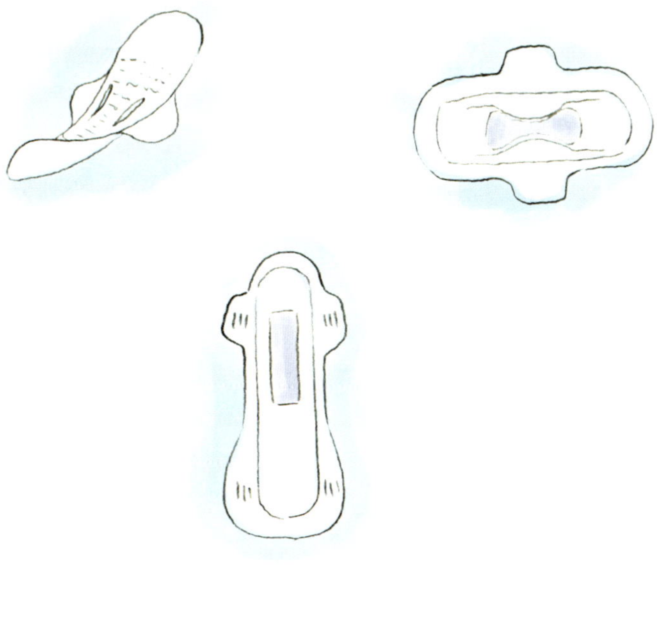

现在，许多卫生巾有香味或药用的功能，建议青春期的你如果没有特殊情况不要使用这样的卫生巾。你要记住，卫生、舒适才是你选择的主要标准哟！

卫生巾的使用方法

选择了正确的卫生巾，我们还要掌握正确的卫生巾使用方法。即使你现在还没有来月经，那也要学习一下，未雨绸缪嘛！

❶ 手上特别容易沾染细菌，所以换卫生巾时，要先洗手。

❷ 拆开卫生巾包装上的胶布，扔掉塑料包装。

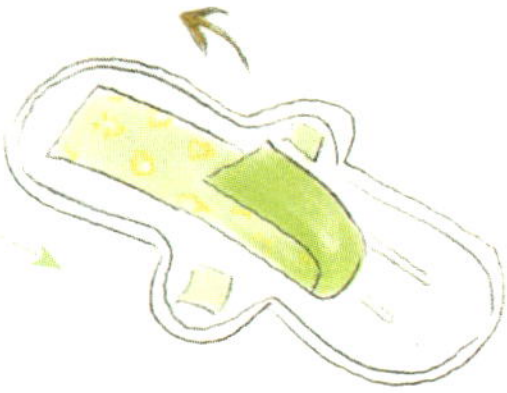

❸ 把粘在卫生巾上面的胶带撕下来，露出里面有黏性的长条和卫生巾的侧翼。在这个过程中，小心不要让卫生巾粘成一团或粘到自己手上。

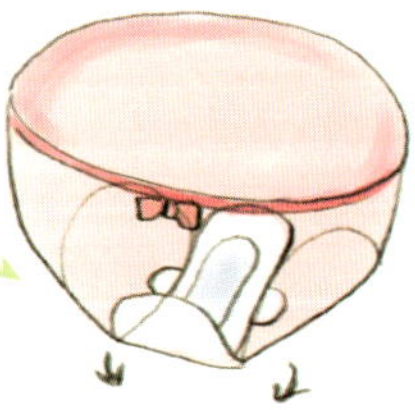

❹ 将有黏性的长条小心地粘在内裤里面，有护翼的先粘中间，再粘好护翼。

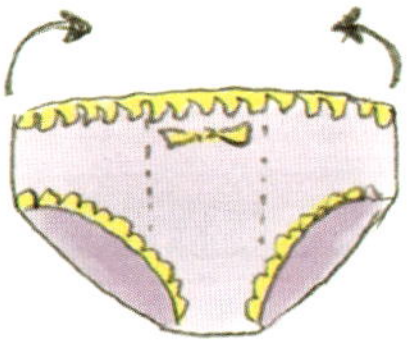

❺ 穿好内裤，确认将卫生巾粘到妥当的位置，看看有没有哪里不舒服，有的话再进行调整。

卫生巾也有卫生问题

有的女生因为使用了吸收力强、保护功能好的卫生巾，就以为长时间使用同一片卫生巾也没有关系，还有的女生在经血量少的时候就不勤于更换，这样的做法都不利于经期卫生。

月经期，卫生巾一定要勤更换。

虽然经血本身非常纯净，气味很小，但一旦接触到阴道和空气中的细菌，就会产生难闻的气味。

而且，经血中有丰富的营养物质，而细菌在营养丰富的血液中生长极为迅速。所以，经血极易成为细菌大肆滋生的“培养基地”。

另外，夏天由于湿气在局部聚集的缘故，更容易造成阴部过敏，所以，更要注意勤换卫生巾。

一般来说，每 3 ～ 4 小时就应当更换一次卫生巾，以免浸透。另外，即使血量少也要及时更换，这样才能尽量减少细菌感染的概率。

卫生巾就是为了卫生才使用的，使用不当就失去了它的意义。你学会正确使用卫生巾了吗？

已用卫生巾要正确处理

用过的卫生巾总让人感觉不舒服，碰都不想碰，可是如果我们不妥当地处理使用过的卫生巾的话，会给别人造成更大的麻烦。

已用卫生巾的处理方法

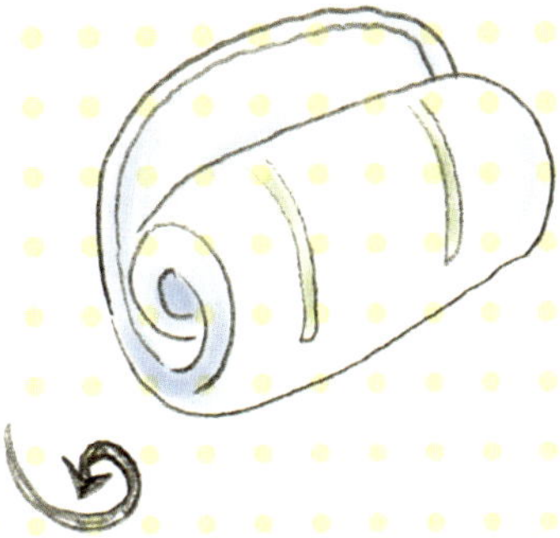

1 撕下卫生巾，将粘在内裤的一面朝外卷起或折起。

2 如果在家里的话，最好用卫生巾的外包装或卫生纸将用过的卫生巾包起来，避免卫生巾散发出难闻的味道。

3 将卫生巾扔进垃圾桶。般公厕中都会设有专门投弃卫生巾的容器。

最后还有一点，要特别告诉所有的青春期女孩，用过的卫生巾不可以丢进马桶——会造成堵塞！卫生巾一定要丢进垃圾桶，大家一定要记住哟！

结束的信号

通常月经初潮1～2年后，你的月经周期就会变得有规律了。

因此，你可以判断出自己的经期什么时候结束。一般来说，经血在最初或中期很多，后期经血量会减少直至结束，经血的颜色也会改变——从鲜红色变为棕色。

有时候，你可能几个小时甚至一整天都不会在卫生巾上看到一点儿血迹。这就是经期结束的信号，如果再等两天没有血迹的话，你的经期应该就结束了。

这时候，你是不是觉得卫生巾有点儿累赘，让你感觉不舒服？或者明明你觉得月经已经没有了，却又从自己的内裤上看到星星点点的血迹？

那么，如何解决这个问题呢？

在你觉得经期快要结束的时候，或者月经量不多的时候，垫上卫生护垫吧。

卫生护垫能天天用吗

了解卫生护垫的优势之后，有些聪明的女生发现了卫生护垫的“妙用”——每天都使用卫生护垫，这样就不怕讨厌的白带了，而且连洗内裤的时间都省了。

耍这点“小聪明”是不对的。

长期使用卫生护垫很容易由于摩擦引起局部皮肤或毛囊的损伤，造成外阴毛囊炎等疾病，所以卫生护垫不宜经常使用。

在使用卫生护垫时，还必须注意以下几个问题。

❶ 在经期前后、经血量较少或白带较多等必要的时候使用卫生护垫，不必要的时候尽量不使用。

❷ 使用卫生护垫时，要注意及时更换，以免影响下体的酸碱环境调节。

❸ 最好不要使用有添加剂或者有香味的卫生护垫，因为对于部分人群来说，很可能会增加过敏的概率。而你，很可能是其中之一哟！

经期日常护理

要想让月经成为“好朋友”，而非“倒霉”，我们就需要学会正确的经期日常护理方法。这样，我们才可能度过一个不痛的青春期。

因为痛，所以叫青春吗

“哎哟，肚子好痛呀！”“腰好酸！”“为什么‘好朋友’的到访让我这么难受呢？”

你自己有过或听到过这样的抱怨吗？这就是痛经。

痛经是处于青春期的女孩初潮后经常出现的症状，有的甚至影响正常的学习和生活。

大约有 30% ~ 50% 的女孩有不同程度的痛经。所以，如果你也出现了痛经的情况，不用紧张，先看看是什么原因造成的吧。

1. 心理因素

如果对月经缺乏正确的了解而产生恐惧、紧张的心理，可能会加重痛经。

2. 生理因素

由于子宫收缩过度或不协调，引起痛经。

3. 受凉因素

因天气寒冷或衣着过少而受凉，导致气血凝滞、经络不通，从而加重痛经。

4. 饮食因素

有些青春期的女孩爱吃零食，月经期也会吃生冷食物，会加重痛经。

5. 劳累因素

如果在月经期间从事过重的体力劳动，会加重痛经及出血。

现在，你了解痛经的原因了吧？那么，正处于青春期的你，平时就要注意饮食和生活保健，这样才能减少痛经的诱发因素，不让“好朋友”影响自己的学习和生活。

“好朋友”来了，不要沾凉水

你有没有这样的情况：本来“好朋友”要走了，结果冲了个凉水澡，“好朋友”又来了；炎热的夏天，处于经期的你想去游泳，结果被妈妈呵斥住了。

经期时，你最好不要沾凉水。仔细阅读以下建议，看完之后，别忘了和你的闺密们好好讨论哟！

1. 经期要尽量少沾冷水

女孩在月经期间身体抵抗力相对比较弱，若接触凉水，病菌容易侵入身体，为身体健康埋下祸根。

2. 经期千万不要游泳

经期绝对不能游泳，经期前后几天最好也不要游泳。如果想去游泳的话，最好在经期结束 3 天之后。因为，经期游泳不但可能引起生殖系统感染，而且可能导致月经失调。

3. 经期可以洗澡，但忌用凉水

很多家长告诉我们经期不能洗澡，其实不然。经期时阴部容易产生异味，尤其在夏季，如果条件允许，最好每天洗个热水澡。

不过，经期绝对不能盆浴，只能淋浴。因为经期子宫口张开，很容易受到污染。另外，月经期间洗澡时，最好不要用沐浴液清洁阴部，否则容易引发阴部感染。

青春期的你，对于这些建议一定要上心哟，否则你会受到比痛经更痛苦的“惩罚”！

“好朋友”拜访期间，吃东西有讲究

月经期间，你是不是对可口的冰激凌馋涎欲滴？你是不是无法拒绝那新鲜辣椒的诱惑？

为了顺利度过经期，改善经期的不适症状，吃东西一定要讲究，可不能贪食对身体不利的食物哟！

1 经期要摄取足够多的蛋白质

经期要多吃肉类、蛋、豆腐、黄豆等高蛋白的食物，这样就能够补充经期所流失的营养素和矿物质，同时也能够缓解经期头晕、疲劳、情绪不稳定等症状。

2 忌食生冷的食物

生食、冰冷的食物容易造成下腹部血液循环不佳，使盆腔血管收缩而引起经血量过少或突然停止，甚至会影响经血顺利排出而造成痛经。

3 忌食辛辣的食物

很多女孩喜欢吃麻辣香锅，但是月经来的时候，尽量不要吃辛辣等太过刺激的食物。因为这个时候油脂分泌多，这些刺激、油腻的食物可能会让你长出更多的痘痘，影响肌肤的美观。

经期是青春期女孩的一个特殊时期，由于这段时期生理情况比较特殊，所以吃东西要讲究。该多吃的多吃，不该吃的就敬而远之吧！

当“好朋友”和体育课相撞

很多女孩在“好朋友”来访时最畏惧的就是体育课了。然而，许多女孩由于害羞或种种原因，对体育老师的运动要求不敢拒绝，结果造成月经期间血量增多或痛经的后果，也对健康造成了隐患。

因此，对于体育课上高强度、大运动量的运动，如长跑、跳跃、仰卧起坐等，在月经初期还是应尽可能避免，否则很可能加重痛经或增加出血量。

那么，在“好朋友”造访期间，我们在运动时应该注意什么呢？

剧烈的运动可能造成痛经，但如果我们一动不动的话对身体也没有益处。因此，你要在避免剧烈运动的前提下做适量的运动，这样才能达到减少经期疼痛的目的。

❶ 月经期并不应绝对禁止运动，而应该控制运动量。例如：做体操等不仅不会影响健康，反而可以使腰部灵活，不至于有疲倦感；轻松的户外运动还可以给人带来一份好心情，进而减轻经期的不适感。

❷ 在运动过程中，一定要量力而行。如果感到头晕、恶心、心慌等，应立即停止运动，要适可而止。

❸ 运动后，要注意保暖，否则很容易在运动后由于大量出汗而着凉感冒。

缓解经期疼痛有妙招

我们已经知道造成痛经的原因，并对月经期间的禁忌做了介绍。下面，我们就来了解一下缓解经期疼痛的妙招，你可要看仔细哟！

1 保暖

在月经期间，很多女孩都会感觉手脚发凉，浑身哆嗦。这时，就要特别注意身体的保暖，特别是要让腹部暖和起来。

2 简单活动身体

正如中医所说，“通则不痛”，经期时剧烈运动自然应该避免，但一些简单的运动却能使我们经络通畅，对缓解经期疼痛很有帮助。

1. 活动盆骨。

▶ 仰卧在床上，两腿与床成 45 度，双膝并拢。

▸ 双膝带动大小腿向左右摆动。摆动时两膝好像在画椭圆形，双肩和脚底要紧贴床面。

注意：做这个活动之前最好让身体处于松弛状态，不宜餐后马上开始。运动量、摆动频率及动作幅度根据自身情况适度掌握。

❷ 活动腰部。

活动腰部的运动方式很多，这里介绍一种简单的动作：

▸ 双手交叉相握，手臂伸直向上举过头顶，同时掌心向上翻，双臂用力向上伸展。

▸ 保持手臂向上伸展动作不变，同时向两侧弯曲腰部，缓慢而规律地进行，每侧弯曲 3 ~ 5 次。

这个动作既可以坐着进行，也可以站着做，既方便又能有效地放松腰背肌肉，帮助疏通经络。

❸ 疼痛严重时，不妨将上身和腿贴地，屁股向上拱，保持这种类似猫伸懒腰的姿势也很有效果。

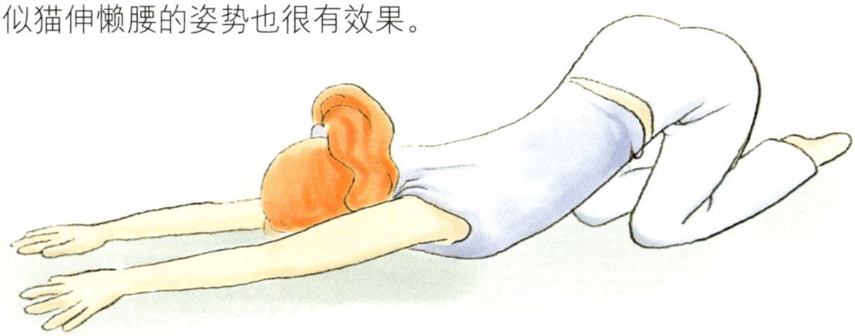

3 适当进行按摩

脚内侧有一块突起的踝骨，它和脚跟之间有一个凹下去的小坑，用力按这个小坑所在的部位也能缓解疼痛。

4 喝杯热饮

痛经的时候，喝杯红糖水、生姜茶、人参茶或蜂蜜茶等暖胃的热饮，都能起到一些作用。

5 保持心情舒畅

好的心情能转移女生对经期不适的注意力，从而减少月经带来的不适感。下次“好朋友”来的时候，你可要保持心情舒畅哟！

怎么样，现在掌握这些小窍门了吗？下次痛经的时候，不妨试一试，你会收获不一样的结果哟！

第五章

魅力提升，做自信女孩

进入青春期以后，你是不是对自己的外貌、身材、衣着等越来越在意了呢？这一章就来帮你提升魅力，让你向自信女孩迈进！

Chapter Five

我要减肥

月经初潮之后，你是不是觉得自己腰部的肉变多了？你是不是开始嚷嚷着要减肥了？好吧，来看看你到底用不用减肥吧！

我怎么没有腰呢

昨天看电视时，妈妈突然间惊呼：“哎呀，女儿你好像变胖了！你的腰呢？”说着伸手掐我腰上的肉，居然掐出一大把，这简直是晴天霹雳！

青春期的你有没有受到过这样沉重的打击呢？有没有人说过你没有腰，上下一般粗呢？

其实，这都是正常现象。随着青春期身体的变化，你的体重自然也会发生变化，甚至可能看起来没有腰部，但这并不意味着你变胖了，只是说明你的身体在成长。

放心吧，随着身体的继续发育，你的腰部曲线会重新显现出来，不要着急。

青春期为什么会发胖

女孩进入青春期之后，一般都会胖几斤。这是为什么呢？

随着青春期女孩身体长高，变胖也是自然而然的，所以，用不着太担心。另外，女孩要来月经，身体需要积累 22% 左右的脂肪才行。

因此，青春期进行不必要的减肥是很不好的，我们的身体在青春期会经历各种变化，不应该因为体重增加了一点点就过分焦虑。

你要记住，顺其自然，健康发育，这才是打好身体基础的第一秘诀。

身高、体重，怎样才算标准

虽然青春期大多数人体重都会发生变化，可我们还是会听到医生说“体重达到这个程度，就算处于青春期也是有问题的，应该减减肥”这样的话。那么，青春期的体重，有没有标准呢？

其实，青春期的体重标准也和一般标准一样，并没有什么特殊之处。也就是说，即使你在青春期，如果超过标准体重的 20% 也属于肥胖。

肥胖度 =（现在体重 － 标准体重）／标准体重

（体重单位：千克）

经过计算，如果肥胖度在 −10% ～ 10% 之间，那么你的体重是最合适的。如果肥胖度达到 11% ～ 20%，那么就需要控制体重了。如果肥胖度在 21% 以上，则属于肥胖，你要开始考虑减减肥喽！

促进减肥行动——写减肥日记

如果你致力于实施减肥计划，那么，试着写减肥日记吧！

在写减肥日记时，最好将每种食物的卡路里和各种运动消耗的卡路里一一列出，这样才能清楚地知道，你额外吸收了多少卡路里，该做多少相应的运动来消耗掉它们。如果不知道的话，动动手上网查一下吧！

另外，你也要善于在写减肥日记的过程中发现自己长肉的原因。例如，每顿饭之间所吃的零食，所喝的各种饮料，所吃的高卡路里含量的东西，都是导致发胖的原因。还有，吃饱之后不做任何运动，也是导致发胖的因素。

所以，你要每天坚持写减肥日记，给自己一个鲜明的提醒，这样才能成功推进自己的减肥计划。

自信满满，身材才更漂亮

不管你再怎么天生丽质，再怎么努力运动，也比不上内在的自信所散发出的魅力！

如果因过于害羞或自卑而弯腰驼背的话，身材再好也会走样，也不会受人欢迎。

你看看那些走在 T 台上的模特姐姐们，个个都拥有傲人的身材，但她们自信满满的表情和从容大方的眼神是不是更有吸引力呢？

所以，我们也要更加自信地抬头挺胸，坚定地迈出脚步，这样才能让自己更漂亮。

当然，这可不是让你对自己的身材放任自流。所有的减肥行动或健身计划只有以自信作为后盾，才更容易成功！

运动的魔法

减肥的秘诀就在于“少吃多动”，但是运动也是有魔法的，看看怎样运动才能事半功倍吧！

女孩，让你的身体动起来

如果你总像树懒一样一动不动的话，注定不会有好身材。所以，青春期的女孩，动起来吧！

运动不仅能够强健你的心脏，带给你能量，而且能够帮助你拥有更好的睡眠，让你的肌肉更发达、更有弹性，同时也会更好地帮你树立起自信心。

当然，这不是要你成为运动健将。医生和健康专家们建议青春期女孩每天进行至少 1 小时的体育活动，每周至少做 3 次有氧运动。这样不但能够减少疾病，还有助于强身健体，培养身体灵活性。

不管你选择哪种锻炼方式，最重要的是找到你喜爱的趣味活动并且经常锻炼。那么，我们现在就来舒展身体吧！

运动，在于积少成多

你是不是在只需要走几条街就能到达目的地时却选择了搭便车？你是不是在能通过楼梯上楼时选择了乘坐电梯？

你想拥有好身材，却懒懒的，不想花时间运动。那么，就从你的日常行为中做一些小小的改变吧，这些细节很可能对你塑造身材产生很大的帮助。

❶ 闲暇时，陪邻居家的妹妹或弟弟多玩玩追逐游戏。

❷ 如果路途不是太远，尝试骑自行车或步行去购物，不要总依赖公交车。

③ 如果楼层不是太高，试着以爬楼梯代替乘坐电梯，你的小腿会明显变瘦。

④ 多帮父母做一些能锻炼身体的家庭琐事，如整理房间、浇花之类的工作。

如果没有长时间运动的机会，不妨从这些细微之处做起，积少成多，运动量也是很可观的。所以，在日常生活中，试着多寻找一些运动的机会吧！

“长个儿”体操，预备，开始！

你是不是有时候觉得一起玩的同学个子都在噌噌地往上长，自己的身高却还在原地踏步？不要着急，学着做做“长个儿”体操吧！说不定你的个子会超过他们呢！

睡觉前躺着做的增高体操

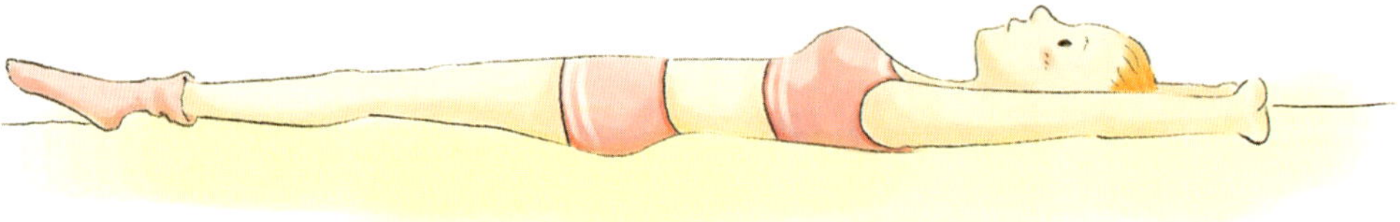

1 仰卧伸展运动

仰卧在床上，两臂弯曲置于胸前，十指交叉，下肢伸直；边吸气边两臂同时用力伸向头顶，脚尖绷直，身体尽量伸展；轻轻呼气，身体放松，还原。多做几次，这是一项能够刺激骨关节、对长个儿很有帮助的体操。

2 抬腿

双腿绷直，尽量往高抬，可以逐渐增加运动量。

3 空骑自行车

想象自己在蹬自行车，腿做出相应的动作。虽然有些吃力，但你可以一边想象腿正在变长一边做，你会“骑”得更起劲儿。

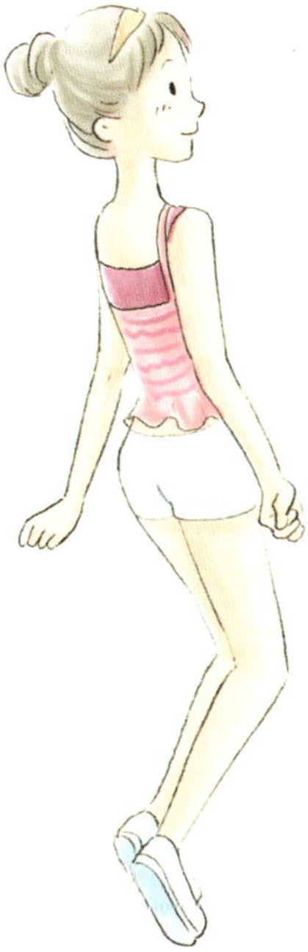

随时随地都能做的体操

1 无绳跳绳运动

手呈握绳状做原地跳绳动作，速度以每秒 2 次为宜。你还可以随心所欲地做平时做得不太好的十字交叉跳或其他花样，这样更能有效刺激生长。

2 振臂高呼

双手握拳，举起双臂，同时嘴里也可以喊“我是最漂亮的”“我能长高”这样的话语来激励自己，既能刺激生长又能调节心情，不错吧？

3 双腿交叉行礼

双腿交叉，然后进行鞠躬行礼。试一下，是不是有双腿“嗖嗖”变长的感觉呢？

4 划船运动

站立，右脚向前迈一步成弓箭步，两臂同时上举，向前、下、后方像划船一样奋力挥。这样不仅能刺激身体生长，还能缓解压力，是一举两得的美事吧？

你是不是对做这几个简单的增高体操动作迫不及待了？那就找个时间试试吧！

记得热身和放松，注意安全

我们很容易忽视运动前热身和运动后放松的重要性，毕竟这只是运动的开场白和结尾曲。但是，如果你略过这两个步骤的话，你的运动效果会受到影响，并且可能导致受伤事件发生。所以，赶紧看看如何伸展身体，进行热身和放松吧！

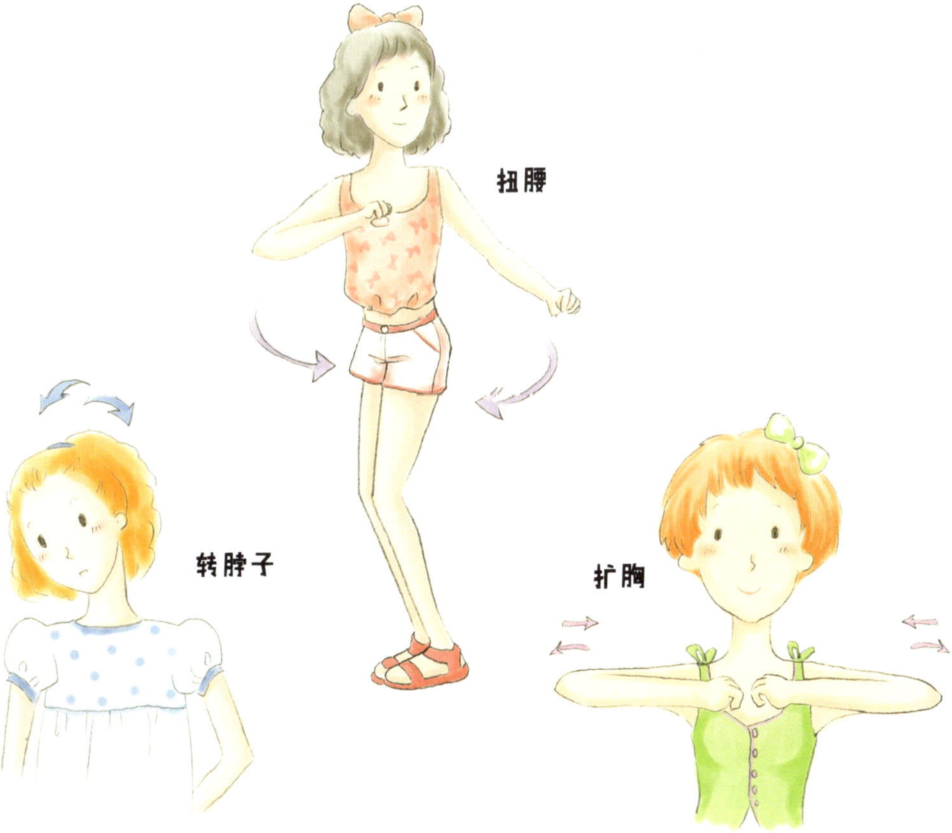

1. 慢慢地伸展身体

无论你多么想加入比赛或回到休息室，千万不要匆忙。在进行激烈运动之前，要让肌肉紧张起来，从而适应比赛；在回到休息室之前，也需要彻底地放松下来。

2. 运动时不要上下跳跃

跳来跳去会损伤肌肉。所以，在热身时，一旦你摆出了伸展的姿势，最好稍作停留，继续保持。同时，也要保持均匀的呼吸节奏。

3. 伸展运动的量要足够

伸展运动并不是一两下就能奏效的，每次至少要完成 10 回合动作，这样才能保证运动的信息已经传递到身体的肌肉之中。

4. 准备活动要左右兼顾

胳膊、腿部、腰部以及颈部的伸展要左右兼顾，朝着前、后、左、右四个方向进行，而且用力要均匀。

总而言之，不管你是登山，还是骑自行车，从容地伸展你的肌肉并且让肌肉做好运动的准备吧！这样才能放松你的身体，预防肌肉拉伤和撕裂。

在你的锻炼结束之际，用更多轻柔的伸展动作来放松自己吧！这样第二天肌肉的僵硬和酸痛才能得到缓解。

拉伤急救小常识

尽管你不是芭蕾舞演员，也不是足球守门员，但你还是免不了会和伤病打交道，尤其是一种最常见的伤病——肌肉拉伤。

肌肉拉伤是一种肌肉组织拉伤和撕裂的现象，会导致关节肿胀并变得青紫。手指、手腕、手肘、膝盖和踝关节都是非常容易受伤的部位。

如果你身体的某个部位不小心发生了肌肉拉伤，要做的第一件事就是遵循下面的方法进行急救，然后尽快找医生检查受伤部位。

1. 休息

受伤后，避免使用被扭伤的部位，不要使其承重。

2. 冰敷

扭伤后，敷上冰袋来缓解痛苦并帮助减轻肿胀。

3. 固定

用有弹性的绷带包裹扭伤部位，起到固定的作用，让该部位的伤势免于恶化。

4. 抬高

行动不便时，保持扭伤部位被抬起或垫高。

如果青春期的你遇到了肌肉拉伤的情况，一定要善于运用这些急救小常识。简单来说，这个急救准则就是“休冰固抬”，你可要牢记，以备不时之需哟！

吃出来的健康身材

在为肥嘟嘟的身材苦恼的同时，你是不是选择了节食瘦身？在减肥无果之后，你是不是又恢复了暴饮暴食？这可不行，健康身材是可以吃出来的，快看看自己错在哪里吧！

节食瘦身的危害

不科学的节食瘦身方法不仅很难达成瘦身目标，而且会给身体造成很大的危害。下面，我们就看看节食减肥都有哪些危害吧！

1. 优质蛋白不足

当我们摄入的优质蛋白不足的时候，很可能会影响整个身体的机能：皮肤变得暗沉、无光泽、易衰老；新陈代谢紊乱，内分泌失调，长痘；抵抗力下降；等等。蛋白质严重缺乏者更会发生水肿等严重后果。

2. 各种维生素不足

缺少维生素会影响皮肤的弹性及光泽，使身体的排毒功能出现障碍，抵抗力明显下降。

3. 体内蛋白质被消耗

营养吸收不足时，身体会优先消耗体内的蛋白质而非脂肪。一旦体内的蛋白质被分解，就会产生自由基，而过多自由基则是导致人体疾病及衰老的罪魁祸首！

4. 减肥后极易反弹

在减肥过程中，当到达瓶颈期减不下来后，很多青春期女孩便会恢复正常的饮食。而此时脂肪细胞由于长时间被抑制，会加速成长及扩张，脂肪便会如雨后春笋般堆积起来！

由此可见，不科学的节食瘦身，只会造成身体所需营养素的缺失，进而影响身体健康。所以，如果你要减肥的话，一定要讲究方法，不能盲目节食哟！

青春期女孩每天必须摄入的营养成分

进入青春期的女孩，生长发育的速度会达到一个高峰，而青春期发育的好坏，会直接关系到自己的身材和健康状况。所以，在饮食上，青春期的你每天必须摄入足够的营养成分，才能吃出美好的体形。

那么，青春期的你每天需要哪些营养成分呢？

热量

青春期的女孩，对热量的需求较大，甚至比成年人还多。而有些女生为了减肥会选择不吃早饭或吃饭时不吃饱，导致热量供应不足，必将影响生长发育。

为防止摄入量不足而导致的营养缺乏，请参照右边所列标准。

年龄段（岁）	每天需要摄入的热量 (cal)
10 ~ 12	2350
13 ~ 15	2490
16 ~ 18	2810

2 蛋白质

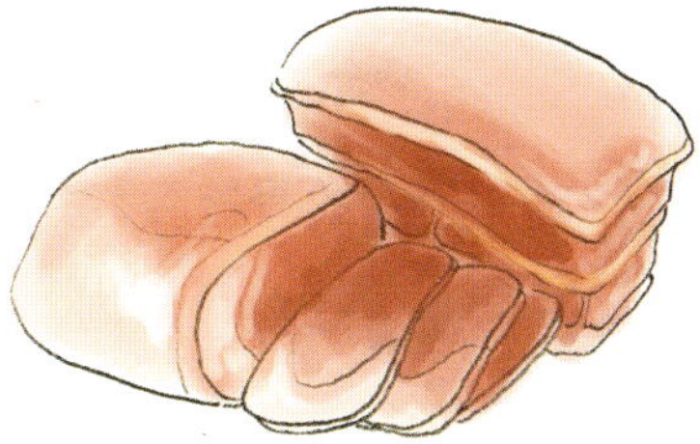

蛋白质是生命的物质基础，是机体的重要组成部分，而青春期少女经期会丢失部分蛋白质，因此要特别注意补充蛋白质。

不同食物中的蛋白质的组成不尽相同，所以你吃的食物也应该多种多样，不能挑食哟！提供优质蛋白质的食物有鱼类、肉类、禽类、蛋类及豆类等。

3 铁

女孩铁缺乏的问题比较明显，因为青春期少女正处于快速生长期，尤其在经期后对铁的需求量最高，如不注意补铁，易发生贫血。

所以，你不能不吃肉类食品而只吃过于清淡的膳食，这样极易导致铁缺乏。适量吃点儿动物肝脏、牛肉等，对体形的塑造有一定的益处。

4 钙

青春期少女的骨骼要想达到最佳水平，在膳食中就应注意选择含钙质高的食物。例如，牛奶、奶制品、豆制品等，其中尤以鲜奶为最佳。所以，你最好每天饮一杯鲜奶或酸奶。

另外，青春期少女应参加一定量的室外活动，因为阳光中的紫外线照射到皮肤上可生成维生素 D，从而辅助机体对钙质的吸收。所以，闲时不妨去晒晒太阳吧！

以上就是青春期女孩最需要的营养，所以，减肥的同时一定要好好吃饭，只有营养跟得上，体形才不会走样！

零食，舍不去的最爱

对于青春期的少女来说，零食是舍不去的最爱。可是，对于减肥计划来说，零食却是不折不扣的天敌。

我们在前面“写减肥日记”那部分已经介绍了关于热量的问题，现在我们就看看零食的热量到底有多可怕吧！

举例来说，100 克饼干的热量与 1000 克米饭相当，100 克糕点相当于 400 克肉，一个汉堡包的热量相当于我们半天所吃一般食物的热量。

现在，致力于塑造健康身材的你还敢肆无忌惮地吃零食吗？可是零食的诱惑力又让你欲罢不能，对吗？

你要知道，我们最爱吃的零食不仅都是高热量的食物，而且很多都是垃圾食品。所以，你完全可以买些水果放在身边来代替对零食的依赖。

零食可以少量地吃，但是每天吃过量的零食就违背了自己的初衷。所以，告诉自己，吃零食并不是自己想要的，过多的热量并不是自己想要的。慢慢放下对零食的过度喜爱，这样你才能拥有健康的身材！

厌食症和暴食症

厌食症是指由于怕胖、心情低落而过分节食、拒食，造成体重下降、营养不良甚至拒绝维持最低体重的一种心理障碍性疾病。

而暴食症是指不可控制地多食、暴食，这是一种饮食行为障碍疾病。患者极度怕胖，对自我的评价常受身材及体重变化的影响，并且经常在独处、无聊、沮丧或愤怒的情境下引发暴食行为，直到腹胀难受才罢休。暴食后虽暂时得到满足，但随之而来的罪恶感、自责及失

控的焦虑感又促使患者用不当的方式（如催吐、滥用泻剂、节食或过度剧烈运动）来清除已经吃进去的食物。

这两种病是不是很可怕？所以，你可一定要未雨绸缪啊！作为青春期女孩，你一定要将健康放在首位，不挑食、不偏食、不暴饮暴食，这样才能让自己在保持健康的同时拥有漂亮的体形。

魅力提升，做自信女孩

很多时候，我们自身的缺点是无法消除的，不过我们可以想办法让优点的凸显掩盖缺点的外现。另外，不要急于尝试高跟鞋、化妆品之类的东西，你这个年龄还为时过早呢！

让发型为自己的脸形加分

人们都喜欢长发飘飘的女孩，于是你不顾自己的瓜子脸，也留了一头长发，结果一照镜子，脸显得更长了。

看到街上流行“公主切”，你也跟风去剪了一个，但照镜子时才看到这样的发型更突出了自己圆圆的大脸盘。

你有没有类似的经历呢？这是不是让你感到有点儿无奈呢？发型对一个人的形象起

着重要作用，选择发型时一定要根据自己的脸形。这样才能尽量遮盖自己的缺点，凸显自己的优点。

1 鸭蛋脸

鸭蛋脸的女孩比较容易选择发型，各种发型都比较适合。如果是较小的鸭蛋脸的话，层次多的短发会显得你更加小巧可爱；如果你的额头光洁的话，最好不要留刘海儿，把头发全都梳到后面去会让你显得更精神。

2 圆脸形

圆脸形的女孩最好让头发有一点儿层次，如蘑菇头短发、斜刘海儿中长发等，都是不错的选择。

3 四方脸

四方脸的你应该避免的发型是长度到下巴并剪齐的发型，这样会显得下巴更宽。

4 倒三角脸形

倒三角脸形不适合把头发全都梳到头顶绑成马尾，这样会让你三角形似的脸形更加凸显！

5 长脸形

对于长脸形的女孩来说，应该尽量避免长直发，否则你的脸会显得更长，而层次较多的发型和刘海儿才会显得脸小一些。

下次选择发型的时候，一定要根据自己的脸形来选。这样才能让发型为你的脸形加分，从而让自己拥有更好的形象！

选择 T 恤要从“头”开始

青春期少女都想有自己独特的风格，其中第一条法则就是要会穿衣服。

当然，这并不是说让你穿很贵的衣服，即使是 10 元一件的 T 恤，也要符合自己的脸形，这样才能穿出自己的个性！

如果你的脸形是普通的圆脸，衣服很好搭配，但如果你是以下脸形的话，就要有意识地搭配合适自己的衣服了。

1. 长脸形

如果你是长脸形，千万不要穿脖子袒露比较多的衣服！包起脖子的高领 T 恤会显得脸小一点儿，是个不错的选择。

2. 倒三角脸形

如果你是倒三角脸形，千万不要轻易尝试深 U 形、多边形、V 字领的衣服！不妨选择宽宽的一字领口的衣服，能帮你修饰上宽下窄的脸形，让你的额头变小。

3. 四方脸

如果你是四方脸，最好不要穿圆领的衣服，而多边形领口或 V 字形领口的 T 恤能使人的视线下移，显得脸更小一点儿，更可爱一点儿。

衣服被称为体现自我的第二层皮肤。所以，不管是衣服的款式还是颜色，都要与自己的实际情况相符，哪怕只是穿T恤加牛仔裤，也要穿出自己的个性！

层叠式穿衣法，替你遮住缺点

身处青春期的你，是不是做梦都希望自己是超级模特？不过，那似乎只能在梦里实现吧！醒来看看自己怎么减肥也不成功的身形，真是伤心。不要灰心！来试试层叠式穿衣法吧！这个办法会帮你掩饰身体缺点，凸显魅力哟！

1 对付水桶腰有妙招

如果你的肚子上都是肉的话，不妨选择那些胸部贴身，越往下越宽松款式的衣服。这样的衣服能神不知鬼不觉地帮你遮住水桶腰和小肚腩。

2 大象腿也能显瘦

牛仔裤搭配法

现在的牛仔裤款式越来越多，不妨选择那些大腿部有磨白处理的七分裤，或者腿上有缝纫线、褶皱等装饰的款式。这样的款式往往能够分散别人的视线，让你的腿显得更修长。

裙子搭配法

到大腿中间长度的短裙最显胖，你可不要冒这个险哦！干脆穿长裙吧！如果你对短裙情有独钟，不妨穿一条漂亮的打底裤，让打底裤上漂亮的花纹遮盖你的粗腿吧！

怎么样？有没有觉得自己更有“范儿”了？讲究搭配才能遮住缺点。不过，缺点不是遮住就万事大吉了，平时多花时间健身塑形吧！

高跟鞋，你还是等等吧

蝴蝶在破茧时总要经过一番挣扎，如果我们人为地帮助它快快成长，剥茧而出的话，蝴蝶就不会飞了，而且不久就会死掉。

这告诉我们：所有美好的事物都需要等待，如果太着急，反而会失去目睹美丽的机会。

对于青春期的女孩来说，高跟鞋也是如此，它虽然美丽，却可能伤害到你。

青春期的女孩身体正处于生长发育阶段，骨骼还很柔软，富有弹性，所以很容易发生变形和弯曲。而长期穿高跟鞋很可能导致骨盆和脚部变形！

另外，在足骨还没有发育成熟的时候，鞋太小、太紧都会影响足骨的正常生长，穿高跟鞋会使趾骨和跖骨由于受力过大而变得很粗，进而影响脚关节的灵活性，甚至出现足跟疼痛、膝关节疼、趾骨骨折和其他让人烦恼的足病。

除此之外，穿高跟鞋时产生的压力会压迫和牵拉神经与肌肉，还可能让你落下腰酸腿疼之类的病根！当然，如果你穿平底鞋站立或走路的话，就不会出现这些情况啦！

穿高跟鞋能够增加身高，使身材看起来更苗条、秀美。但这与上述弊端比起来，实在是不值一提。美丽固然重要，但健康更重要，所以，青春期女孩要对高跟鞋说“不”。

青春期，不要化妆

眉笔、眼影、唇彩、粉底液、面霜……看着妈妈或姐姐梳妆台上的瓶瓶罐罐，你是不是也心痒痒了？你是不是也偷偷地化过妆？

不要不承认，就知道你肯定这么做过。因为，每个青春期的女孩都是爱美的，如果不爱美的话，那才不正常呢！

可是，作为青春期的女孩，你最好不要过早化妆。

正处于发育期的你用了化妆品可能一时好看，可是时间长了，很容易影响身体健康，并且可能让你迅速衰老！

所以，青春期的我们，一定要知道以下几点。

不宜浓妆艳抹

我们人体全身的皮肤布满毛孔，如果你浓妆艳抹，那些脂粉无疑会阻塞体内废物通过毛孔排出，这样不仅影响体温调节，还容易造成“化妆品斑疹”，影响我们的面肌发育和健美。

2 不要拔眉、描眉

青春期少女的眉毛尚未完全生长发育，如果这时拔眉和描眉会使尘埃和细菌更容易入侵眼睛。而且，拔掉眉毛也会刺激眼眶周围的神经末梢，可能引起眼肌运动的失调，造成眼眶周围皮肤松弛，容易出现皱纹和眼睑下垂。

3 劣质化妆品危害大

青春期少女如果止不住想化妆的欲望，往往会用自己的零花钱偷偷买化妆品。可是，你买的这些劣质化妆品中一般都有化学制剂，不仅对人体不好，还可能有毒，反而加重皮肤的负担，使自己本来年轻的肌肤迅速老化。

你愿意以现在一时的漂亮来透支成年后的美丽吗？你愿意以现在的一时兴起换取成年后的衰老吗？

如果你不愿意，就不要过早地尝试化妆，素颜的青春期少女才是最美丽的！如果你还是想化妆，那就耐心等待吧，等身体发育好之后再美也不迟！

成为一个优雅的女孩

“灿如春华，皎若秋月。”学了这样的诗句，你是不是也经常幻想自己身着一袭白裙，是个举止优雅的淑女？

好吧，先醒醒，不要做梦了，同伴不都称呼你为“假小子”吗？

作为一个青春期少女，你是不是也存在这样理想和现实的差距呢？

其实，也并不只是古典美女才称得上淑女，即使你拥有一头短发，也可以成为一个举止优雅的女孩。

当然，这可不是在压抑你的个性。如果一个女孩站没站相、坐没坐相的话，可不太招人喜欢。所以，还是学习一些基本的礼仪吧！

1 站立姿势要有“范儿”

如果你站着时弓背塌腰，女性的曲线美可就展示不出来啦！这样的站姿才是优美的：脊背挺直，下巴后收约与脖子成 90 度角，眼睛平视前方 1 米左右，脚跟靠拢，双手五指合拢交握在前方。

这种站姿不仅有利于你的身体健康发展，还能更好地体现出女性整体的优美风姿。只要你长期练习，这种优美“范儿”一定会成为你的风格！

2 坐要有坐相

要想打造淑女形象，坐的时候也要保持优雅的坐姿：挺胸收腹，身体微微前移；坐下后呼吸协调一致，两肩端正，手臂自然放好；双脚略向斜后方收，鞋尖朝外。对了，你可不要叉开双腿或跷“二郎腿”坐，这样会阻碍腿部血液循环！

3 走路也优雅

如果连最基本的走路都走不好，那优雅的举止和美观的仪态是不是更无从说起呢？所以，走路的姿势也非常重要。

具体来说，走路用腰力，要有韵律感，有信心，抬头挺胸，挺直背部和腰杆；双手摆动要适度，不可太过夸张，同时要特别注意两脚不要过于张开。对了，走路时千万不要弯腰驼背，一副垂头丧气、精神不振的样子，那会让你的美丽大打折扣。

如果你想成为一个优雅的女孩，就要开始行动啦！

第六章

青春期少女的思绪

青春期的你，情绪开始变得怪怪的，可能会遇到朦胧的情感、真挚的友情，也可能会遇到痛彻心扉的伤害。面对成长中的难题，我们全都不怕！因为，我们正值青春，生命中最美好的年华！

Chapter Six

情绪，像在坐过山车

青春期的你，是不是变得爱哭又爱闹，而且还动不动就“为赋新词强说愁”？怎么办，这是情绪的过山车？不会翻车吧！

又哭又笑，又笑又哭

感觉自己的想法变多了，没有以前乖了。

唉，心里好烦，不要问我为什么，还不是因为昨晚的事情。不过现在想想，其实也不是什么大事。

昨晚，妈妈对我说：“洗澡了吗？洗了澡再去睡觉。”

这话很正常，可是不知道为什么，下面的话我脱口而出：“哎呀，不用你说我也会洗啊，我又不是3岁的小孩了！”

“你发什么脾气啊！我不过是叮嘱你洗澡，我还不能说话了吗？”

“啊，知道了妈妈！我听话还不行嘛，整天唠唠叨叨的。”

“你个臭丫头，翅膀硬了是吧，敢说我唠叨！”

莫名其妙地跟妈妈发了一通火，最后反被妈妈数落了一通。其实一个人在房间里想想，我真是不懂事，妈妈说得没错，我为什么要莫名其妙地发火呢？本来就不是什么大不了的事，我脑子应该冷静一些。

郁闷起来容易，开心起来也容易，一句话我就能大笑不止。也许这都怪青春期，让我又哭又笑，又笑又哭。青春期这么长，我以后该怎么过啊？这真是令人惆怅。

失眠了，好痛苦

为了备战一次模拟考试，我在晚上“秉烛夜读”。可是接下来的几晚，都成了我的不眠之夜。尽管尝试了数绵羊的老办法，我还是无法入睡。

你有没有过这样的苦恼呢？看着自己的黑眼圈越来越严重，脸色越来越蜡黄，精神也越来越差，你不免陷入焦虑。

女孩，别着急，先想想办法让你的大脑放松吧！

❶ 经常打开窗户，保持室内空气流通。

❷ 保持卧室的安静，并将卧室的光线调暗。

❸ 被褥要清洁，上轻下重；枕头高低要适中；睡衣睡裤要宽松。

比如，你可以想象自己置身于一望无际的大海上，只专注于自己的呼吸，做几次深呼吸，然后逐渐放慢呼吸，把两次呼吸变为一次更深长的呼吸。或者，你也可以紧握双拳，同时双腿也用力，然后突然放松。这样全身的肌肉就放松了，大脑也就随之放松了。

大脑放松了，进入梦乡自然就易如反掌啦！你也可以通过改善睡眠环境来治疗失眠。

最后，愿青春期的你天天都有香甜的好梦！如果失眠症状一直没有缓解，建议必要时就医。

我的“健忘症”

进入青春期以后，好像记性都变差了！英语单词怎么也记不住，做事情也总是丢三落四的，莫非我得了“健忘症”？

其实，并不是你进入青春期之后变得健忘了，而是随着你的成长，你想的事情变多了，自己的压力增大了的缘故。

记忆是一个心理过程，所以，不要总是对自己说：“我记忆力差，我记性不好。”这些都是借口，只能让你的记忆力变得更差。

不妨试试下面的方法吧，也许能够帮助你恢复或者提高记忆力！

❶ 饮食中多补充新鲜的蔬菜和水果，不要挑食，很多毛病都是因为挑食引起的。

❷ 采用积极健康的起居方式，有规律地生活。

❸ 保持乐观的情绪和积极向上的心态，及时进行自我调节。

❹ 养成良好的生活习惯，建立重要事情的备忘录，用过的物品要摆放整齐，不要随手乱扔。

另外，不妨让家长和同学监督你，让我们一起加油把青春期“健忘症”丢掉吧！

青春期的郁闷感

进入青春期之后，你的生活中是不是突然多了这样的情节：一个人站在学校围墙的拐角处，看着树上的一只麻雀，眼泪忽然就落了下来。

也许，你自己也说不清楚自己怎么了，就是觉得委屈，好像谁亏待了自己似的。可是想想，好像也没发生过什么不愉快的事。你甚至会怀疑，是不是自己不正常啊？

不要动不动就怀疑自己不正常嘛！其实，进入青春期之后，女孩很容易产生抑郁心理。有这种情况的不止你一个人，不要再郁闷啦！

那么，为什么会出现这种情况呢？

进入青春期之后，你是不是会不自觉地注意自我，关心自己在别人眼中，特别是异性眼中的形象呢？一旦别人给你不好的评语，你就会感觉很失落。

不仅如此，大多数女孩在青春期都会产生两种心理：一种是对自己不满意，予以否定；另一种是担心别人对自己加以否定。

再加上自己身体的变化，使你的情绪不稳定，对人与人之间的关系也变得十分敏感，稍有一点儿变动，就会忧伤或者愤怒不已。

那么，该怎样处理青春期的这种情绪呢？

正确处理你的情绪

尽管这些负面的情绪对于青春期的你来说算不上什么大问题，可是如果不及时调整的话，很有可能遗留重大的心理问题。所以，想办法消除你的这些郁闷感吧！

1 多到户外走走

你可以多到户外走走，让新鲜的空气和美丽的风景帮你放松心情，冷却你的火气。

2 尝试一些新鲜活动

像保龄球啦、橄榄球啦，不妨试试这些你没有接触过的新玩意儿。当你投入一项新技能的学习中时，不如意的感觉自然就被抛在脑后啦！

3 多参加一些运动

运动是摆脱紧张、忘记忧愁的好办法，关键在于找一项喜欢的运动让自己的情绪得到放松。

4 合理发泄自己的情绪

如果你非常郁闷，又不想参加什么活动的话，不妨与父母或好朋友聊聊天、解解闷吧！或者，你也可以适度“发泄”情绪，释放内心的压抑。

在青春期，学会悦纳自己吧！给自己一个微笑，然后说：“让那些负面情绪去外星球吧！”你的青春期一定会充满欢乐！

人气女生养成术

青春期的我们最快乐的事就是和朋友在一起，朋友也是我们青春期的重要组成部分。那么，当你和朋友的关系遇到了问题，是不是希望有人能指点一下呢？

谁都需要朋友

不管你是一个性格活泼开朗的人，还是一个性格内向的人，都需要朋友的陪伴。也许你会反驳：“我一个人也挺好的。”

可是，问问你自己的内心，是不是也希望有一个意气相投的朋友呢？是不是也希望能和朋友一起发发牢骚呢？是不是也希望有人先和你说句话呢？是不是也希望有个朋友，能和你一起吃饭，放学一起回家呢？

如果你的身边缺少朋友，或者你想交更多的朋友，那么，主动伸出你的手吧！

1 主动向别人打招呼

也许你的性格内向，很难主动和别人开口讲话，但你总要迈出这一步。尝试微笑着问候别人吧！不要避开对方的视线，要和对方的眼睛对视，并先开口说“你好”，相信没有人会拒绝你的主动。

2 记住别人的名字

如果有人只见过你一次就叫出了你的名字，你一定觉得对方很重视你，你也会很想和他做朋友。所以，在与别人说话时，不要只是说“喂”，而要善于记住别人的名字，然后热情地叫出来。

3 敢于直率地敞开心扉

如果一个人总是吞吞吐吐，相信你也不会喜欢。因此，不妨直率地说出你的心思，这样更易获得好人缘。

现在，敞开你的心扉去结交更多知心的好朋友吧！

亲近不熟悉的人

生活中有很多人与我们只是泛泛之交，不过如果你想让自己的青春期有更多好友相伴的话，试着走近不亲近的人吧！虽然刚开始比较别扭，但只要轻松地展开交谈就万事大吉啦！

1 以轻松的话题开场

由于对方和我们的关系没那么近，谈论太私人的话题往往提不起对方的兴趣。这时候，不妨说说天气、八卦等双方都热衷的轻松话题。

2 发现对方的优点，并称赞对方

对于青春期女生来说，大部分人都喜欢受到别人的夸奖。如果是以后想多多交往的对象，多称赞对方不失为一个好办法。笑起来很好看，穿的衣服很配本人，发型很时尚，等等。相信谁听了这些赞美的话语都会很快打消抵触情绪，产生亲近感。

3 寻找双方的共同点

如果两个人在一起相处的时间比较长的话，最好能在谈话的过程中找到双方的共同点，这样才能将你和对方的距离拉近。“我也很喜欢下雪天。”“哎，那个人是我们小区的，我小时候还和他上过一个幼儿园呢。”像这样寻找到共同点之后，谈话自然能够轻松自然地进行下去。

与关系不太亲近的人在一起时，不妨利用轻松交谈的机会让他或她变成你亲近的朋友。这样，青春期的你人气才会越来越高。

真朋友，假朋友

你的朋友多吗？也许你会回答说：“我的朋友多得很！”那么，你的真朋友多吗？这个问题是不是就难以回答了呢？

很显然，女孩 A 和女孩 B 并不是真朋友的人选。真正的朋友，是那个没有任何条件地喜欢你、替你担心、和你一起分享的人。

那么，如何成为对方真正的朋友呢？

1. 消除对朋友的功利心

如果你交朋友的出发点很单纯，那么朋友自然也不会想从你这里获得什么好处，这样自然就能建立真正的友情。所以，不要对朋友抱有功利之心哟！

2. 与朋友分享喜悦

我们不仅要做到有开心的事情与朋友一起分享，还要做到一点儿也不嫉妒地真心分享她的喜悦，这才是真正的朋友。

3. 与朋友分担困难

如果朋友有困难，我们要做力所能及的事情为其分担，即使什么也做不了，也要给予朋友一定的鼓励和支持。

4. 替朋友保守秘密

保守秘密是维持友情的秘诀之一。所以，要想和朋友保持友谊，不仅要重视自己的秘密，同样也要重视朋友的秘密。

如何对待嫉妒

你嫉妒过好朋友吗?

说没有是不可能的。也许,你嫉妒朋友 A 的聪明能干,嫉妒朋友 B 的美丽大方,嫉妒朋友 C 的好人缘。

你明明知道嫉妒别人不好,可还是忍不住会嫉妒,甚至有时候会直接说出“你太优秀了,真让我嫉妒!”这样的话。那么,我们该如何对待自己的嫉妒之心呢?

在嫉妒心和友情之间做出选择

我们都有过这样的经历:如果嫉妒心非常强的话,甚至会对朋友产生厌恶之情。你希望因为嫉妒葬送这份友情吗?这时,你就该衡量一下嫉妒心和友情的重量孰轻孰重了。

如果你觉得友情比嫉妒心重一些,那么就丢掉你的嫉妒,与朋友好好相处;如果相反呢,就有点儿可惜了,最好一段时间之内先和朋友保持距离,如果真的

因为嫉妒心使得你与好朋友分道扬镳可就划不来了。

2 与嫉妒对象进行善意竞争

我们在嫉妒别人的人气的时候，往往会这样想："如果我的成绩更棒的话，我的人气也会上升。"因此，如果你觉得朋友比自己好、比自己出色，不妨化嫉妒为动力，和朋友来一场竞争吧！

当然，竞争的前提必须是善意的，这样才能和朋友一起发展、一起培养友情，给嫉妒心一个最佳的归宿。

我们不一样，但还是朋友

你对你的好朋友有不满的情绪吗？你和你的好朋友有过分歧吗？

有时候，你们一起去参加活动，你喜欢这个活动，而她却喜欢那个活动，结果你们一起去参加了一个双方都不喜欢的活动。最后，两个人内心深处的不满情绪一点点地放大。相信你也有过类似的经历吧！

其实，产生这种结果的原因就在于朋友之间存在差异，而每个人都在以友情的名义束缚对方。你想想，是不是这个道理呢？

那么，如何求同存异，使友谊之树常青呢？

1. 跳出自己的标准

即使面对的是再亲密不过的朋友，在以自己为标准判断对错之前，也一定要尊重朋友的想法。因为，每个人都有自己的想法，不可能处处与你保持一致。

2. 善于清楚地表达自己的观点

为了照顾朋友的心情，你可能屡次放弃自己想做的事，长期下去，不仅导致朋友不知道你真正的意愿，你还会产生远离朋友的想法。

3. 广泛交友

你要多培养与自己有共同爱好的朋友，这样做事的时候总能找到志趣相投的人，朋友之间相互束缚的事自然就会减少。

越是好朋友，越想干什么都在一起。但是如果忘了每个人都有自己的个性这一点，以友情的名义束缚别人的话，不知不觉束缚就会超过友情的分量，朋友也会变得让你讨厌。所以，接受朋友的差异，把你们的友谊之花浇灌得更娇艳吧！

粉红少女的秘密

青春期的少女，拥有了太多的小秘密：对自己的外貌越来越在意了，对别人的看法越来越关注了，心潮也开始随着某个异性起伏……那么，粉红少女的这些秘密心思都该怎么对待呢？

总感觉所有人都在笑我

我居然看不清楚黑板上的字了！

这是怎么回事，我难道需要戴眼镜了吗？

我不要戴眼镜，班里还没有一个戴眼镜的同学呢！可是，最终我还是不得不戴上了眼镜。

我觉得自己丑极了，好像所有人都在笑我，我觉得自己看起来像一个怪物。

我心仪的那个男孩不会喜欢我了，我要怎么办？我要怎样才能摆脱这副该死的眼镜！

在上学期间最容易患近视，少女们一定要注意保护好自己的眼睛哦！

当然，如果眼睛真的近视，戴眼镜成了不可避免的事，也不必烦恼，不用担心自己的样子。你恰好可以尝试一下适合自己的风格，这也是一件不错的事情嘛！

现在眼镜的样式还真不少，款式别致、颜色多样。而且好多眼镜的镜框上都可以做一些配饰，如好看的珠子等，看起来也蛮漂亮的。

你看，是不是你心仪的那个男生也说很羡慕你能戴眼镜呢？所以，无论遇到什么事情都应该向积极的方面想，最重要的是让自己心情愉快，心情好了，一切就都好了。

你要记住，不是别人注意你的眼镜，是你自己太注意自己的眼镜了。戴上眼镜，你也一样独特、一样可爱、一样招人喜欢。

我总是想照镜子

和妈妈一起看电视的时候，妈妈迷恋的总是电视剧中跌宕起伏的情节，而我却总是目不转睛地盯着电视剧里的漂亮女主角。

为什么那些女人都有光洁的额头、乌黑的长发、窈窕的身材？

而我什么时候才能变成那样呢？我每天醒来都希望自己变得更漂亮一点儿，可我不停地照镜子，却发现自己还是老样子，这真让人懊恼！

对于青春期女孩来说，开始喜欢照镜子，喜欢整理自己的衣装和容貌，这是好事，说明小女孩开始爱美了，开始在意自己在别人眼中的形象了。你就把自己打扮得干净利索一点儿，让自己有个美美的好心情，这样能让别人更喜欢你哟！

但是，不要频繁地照镜子！无法控制地照镜子，很可能会引发强迫症和自卑。你要学会接受自己的容貌，然后慢慢地去改善它，而不要迫不及待地控制它。只有顺其自然，你才能够成长为一个自信满满的美丽女孩。

啊，收到了第一封情书

我收到了第一封“情书”！

欣喜？美滋滋的？这不是恶作剧吧？

恐怕这些语言都已经无法表达你当时的心情了吧！别太兴奋了，其实所谓“情书”，不过是一张纸条，顶多只能算封“微型情书”吧！

可不要以为这就是爱情哟！虽然，现在和你一般大的孩子都比较早熟，而且有些调皮的孩子在互相称呼时也比较亲昵，与异性交往也

比较大胆，但你要明白，这种表现其实是对异性同学的一种朦胧的好感和好奇。

作为青春期的女孩，收到异性的情书，对异性同学产生朦胧的好感，了解对方的渴望增强，这都是正常的现象。

这种情感虽然幼稚，但这是人的生命历程中的一种美丽的存在，谁也没有理由阻止它发生。

不过，你一定要保持这种情感的美丽和纯净，这样才会成为你日后美丽的回忆。

似乎“喜欢”上他了

你是不是对班里的某个男生开始格外关注？他的一举一动都牵动着你的小心脏？他的一个微笑都让你心花怒放？你觉得自己似乎“喜欢”上他了？

你为此欣喜，也为此苦恼，你是不是觉得自己是个“坏”女孩？

其实，青春期的互相倾慕几乎是每个人成长历程中都会经历的故事。

少年男女的倾慕又多了几分神秘、几分盲目、几分含蓄和几分可爱。这种情感体验是必然的，也是自然的，这就是成长。你发现自己“喜欢”上一个人，这正意味着你在成长。

但是，你要知道，倾慕与恋爱有着本质的区别。最初的爱是不成熟的、盲目的，也是多变的。所以，对待友谊一定要珍惜，说爱情一定要慎重！

当然，这不是在阻止你和异性同学交往，只是交往中要注意尺度。

与异性同学交往有很多益处，你如果从小生长在一个与异性有正常接触、交往的良好环境中，你的人格会更完善，智力也会发展得更好。

青春期的你，如果恰巧“喜欢”上一个人，就把心中的这份“喜欢”好好地珍藏在你的青春日记中吧！这样，这份美好才不会变质，你的青春期才会有更多的美好！

网络那边，他好帅

“无论多晚，我都会等你上线……”“我很担心你，你发生了什么事呢？”“咦，人呢？”

你有没有遇到过这样的情况呢？对，你“爱”上了网络那边的他。

进入青春期之后，你变得不愿意与家长或老师交谈了，而此时，网络便满足了你的心理需求。因为，对待网络那端的他，你思想上没什么负担，可以放心地倾诉。

但是，久而久之，你会发现，你很难中断与他的继续交流，你甚至会发现，你依赖上了网络那端的他。

可是，你要知道，你“爱”上的，只是一个虚拟空间的人物，你无法知道他的真实情况。而真正的爱情、真正的美好生活都是要在现实中争取的。所以，你不要把希望寄托于虚拟的网络。

另外，网络也非常容易被坏人利用，说不定和你最谈得来的“大哥哥”就是一个专门靠网络玩弄女性的变态或者是一个劫财劫色的犯罪分子呢？也许你会反驳，不，他不是那样的。可是，你能肯定吗？

所以，你一定要做出判断，不要滥交网友，不要轻易与网友见面。总之，在网络这个虚拟的世界里，你要时刻提高警惕，不要被这个“温柔的陷阱”所吞噬。

女生，保护好你自己

生命，是爱情甜蜜的结晶，而我们的身体，未来也可能孕育生命。所以，我们一定要对自己的身体负责，保护它免受伤害！

男性的身体，永远不可思议

进入青春期之后，对异性的身体感到好奇在情理之中，那我们就了解一下男性身体的秘密吧！

男性代表性的生殖器就是阴茎，阴茎下面有像小口袋一样的两个阴囊，也许有些人会有不同的叫法，而“阴囊”是最科学的叫法。阴囊里面有睾丸，这是男性最重要的部分，因为生命的种子——精子就是在这里制造出来的。

什么？有些不好意思啦？哎哟！学习一下吧，学东西还会让自己受损失吗？

精子和卵子相遇的秘密

妈妈是怎么生下我的呢？如果去问妈妈的话，你可能会听到这样的回答：“妈妈梦到有个小孩在妈妈枕头旁边，一睁眼就有个你。”“爸爸把一粒种子放在妈妈肚子里，等种子长得差不多了，嗖的一声就出来了，你就出现了。”

随着我们进入青春期，这样的回答让我们忍俊不禁，却不再相信了。那我们就简单来看看精子和卵子相遇的秘密吧！

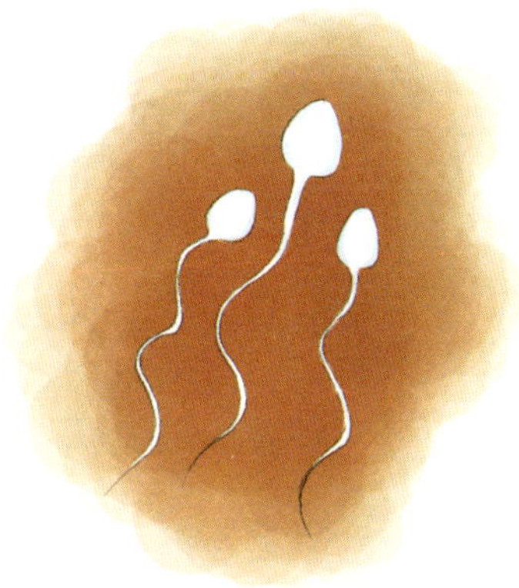

精子要进行漫长的旅行，才能遇到卵子，从而孕育出生命。

精子产生于睾丸，它们在附睾里面稍

事停留，获得了营养之后就努力地向前游，游过长达 30 厘米～ 40 厘米的输精管。

精子与前列腺等处分泌出的黏稠液体融合，形成了精液。这时，如果男人与女人发生性关系，精子就会通过阴茎排出体外和卵子结合。

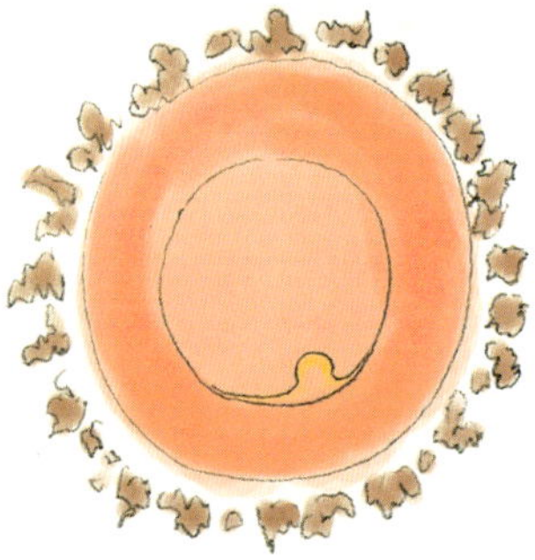

精子的旅行是不是既漫长又艰辛呢？

那么，女性体内生命的种子——卵子呢？我们在讲月经来潮的时候对卵子进行了简单的介绍，现在就看看卵子与精子的相遇吧！

卵巢每个月生成卵子，然后进入输卵管。卵子在输卵管中大概停留 3 天，这时精子进入女性体内后会奋力游向输卵管，而只有第一名才能得到卵子。这可是几亿比一的残酷竞争！

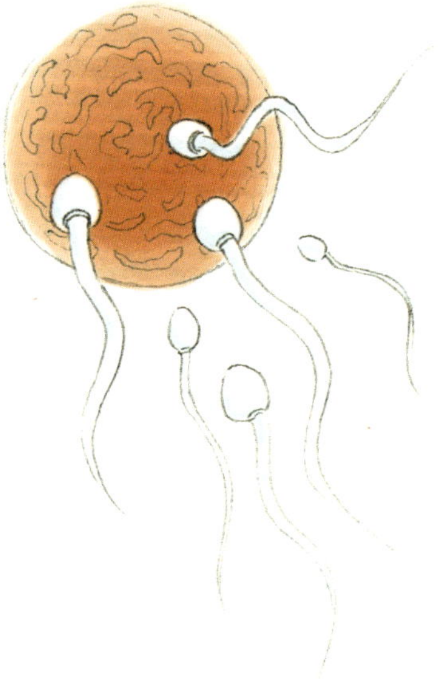

如果精子游到输卵管并遇到了卵子，就会形成受精卵，再通过输卵管进入子宫。然后受精卵就开始慢慢地

在子宫中生长，形成胎儿。胎儿在妈妈的肚子里努力成长，几个月后，就可以通过阴道出生了。

看到了吧？精子和卵子为了相遇形成生命都经历了漫长而艰辛的旅途，而你也是从好几亿个精子中脱颖而出的那一个哟！

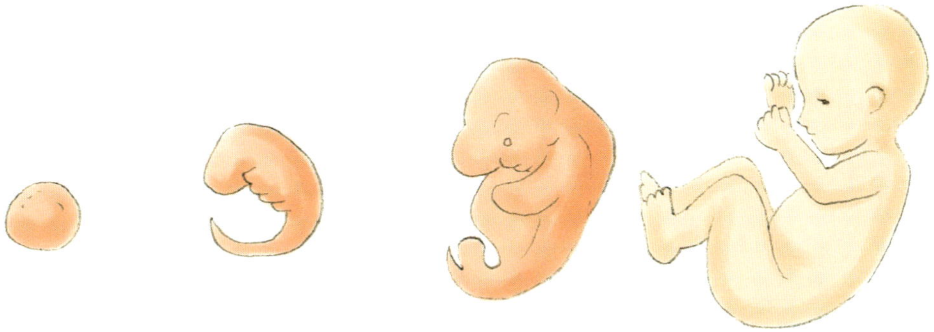

即使“两情相悦”，也要自爱

进入青春期以后，随着生理成熟，伴随而来的是对异性的朦胧情感。你喜欢上某个男生，这很正常。但是，你一定不要随便尝试性。把这些美好的情感控制在美好的程度才能让自己度过一个完美的青春期。

1 尊重神圣的生命

生命是神圣的，当卵子和精子结合以后，就产生了生命。它应该是爱情甜蜜的结晶，而不应该是年少无知种下的一枚苦涩的青果。所以，青春期的你一定要懂得自爱！

2 正确对待性

那些关于性的秘密，当你的性心理完全成熟后，就会明白。所以，你要通过正确的渠道了解性，而不要轻易尝试。这都需要你自己把握。

鲁莽、反常、草率的行动很容易导致女孩怀孕，给女孩带来不可磨灭的伤痛。可是，如果你真的做了不该做的错事，该怎么办呢？

青春期的少女生理和心理都不够成熟，无法承担性冲动带来的后果。过早怀孕、流产等不仅会严重损害女孩的健康，更可怕的是还可能会造成不孕等终生影响。

首先，要保持冷静，别害怕。如果你发现自己怀孕了，第一个应该倾诉的对象是自己最信任的人——父母。虽然他们知道后会震惊、会愤怒、会失望，但他们不会真的厌弃你，他们依然会像从前那样焦急地帮你解决问题。因为，他们是这个世界上最爱你的人。

其次，你要相信医生，到正规医院接受治疗，勇敢地配合医生纠正这个错误。

如果真的犯了这样的错误，你也不要自暴自弃。年轻让你还有机会重新来过，所以，即使在青春的路上曾经偏离了轨道，你也要争取重新回到青春飞扬的轨道上来。你要相信，只要你真心改过，身边的人都会欢迎你，生活依然会为你露出灿烂的笑容。

腐蚀灵魂的毒药——淫秽物品

淫秽物品，是指具体描绘性行为或者露骨宣扬色情的淫秽性的书刊、影片、录像带、录音带、图片、音频等物品的总称。现在，有很多青少年通过网络接触淫秽物品，很让人忧心。

作为青春期的女孩，你可不能接近这些淫秽物品！

男性和女性在成熟后以爱情为基础创造出新的生命，这是再自然不过的事。可是，淫秽物品带给人的只有瞬间的快感，没有温暖，更没有爱可言。

除此之外，女孩还要学会保护自己，不要将个人隐私照片轻易发到网上，更不要一时冲动陷入“裸贷”陷阱。

女孩，保护好你自己

你遇到过变态狂吗？在遇到变态狂时，应该如何保护自己呢？

他或许是在你们学校附近的那种用很长的风衣裹住身体，然后突然像蝙蝠一样展开衣服，里面却什么也没穿或者穿得很少的人。

这些人一般是暴露倾向比较严重的人，他们看到别人吃惊或错愕的表情时会非常开心。碰到这种人，我们都会吃惊，但一定要尽量镇定，装作视而不见继续走自

己的路，否则他会更加肆无忌惮。

他或许是打通你的电话，在电话里说一些淫秽的语言或发出不雅呻吟的人。

接到这种电话，既影响心情又让人生气。这时，不要一下就挂断电话，而应该大声地说："你再这样我就录音报警了！"

他或许是那个放学路上一直尾随你的人。

当发现有人一直跟着你时，不要慌张，要尽快去往繁华热闹的街道、商场等地方，想办法摆脱尾随者。单独一个人尽量不要去荒凉、偏僻、灯光昏暗的地方。另外，在生活中要多观察，记住家庭、学校周围的环境特点，尤其应熟悉派出所、治安岗亭等地点。因为，在紧急情况下，你可以从这些地方得到帮助。

现在，社会上有形形色色的人。青春期的女孩为了避免受到伤害，一定要加强自我保护的能力！

万一遭受了性侵犯

性侵犯泛指一切与性相关，且违反他人意愿，对他人做与性有关的行为，包括强奸、性骚扰等。

现实社会中，是与非、美与丑并存，尽管我们万分小心，还是会有遭到性侵犯的危险。

如果真的遇到这种情况，最重要的是不要慌张，以免在发呆的一瞬间让事情更糟。首先，你要坚决地表达拒绝的意思，绝不能因为对方的声势就妥协；其次，你要尽可能发出求救信息，然后寻找时机立刻逃跑。

但是，世事难料，万一

你没有逃脱，最终遭遇了性暴力，记得不能立刻清洗身体、刷牙或换衣服等。因为，24 小时内，罪犯留在你身上的精液、体毛、唾液等都是证据，如果清洗掉或者时间太长的话，对取证不利。

虽然，你自己会很痛苦，但抓住罪犯也很重要。因此，我们要在 24 小时内去妇产科进行检查，并及时报警，让这些罪犯为自己的恶行付出代价！

当然，谁都不希望发生这样的事，但事情一旦发生，你要牢记：这不是你的错！你不应该感到内疚、自责，而应该勇敢、自信地面对未来的生活。如果心中有困惑，一定要及时向家人、心理医生求助。